物理的世界と霊的世界のかかわり

長山 直弘

BNP
ビイング・ネット・プレス

まえがき

現在科学は万能のように思われています。確かに科学および科学技術の発展には目を見張る面があります。しかし一方で環境破壊、地球温暖化、耐性菌、核兵器など科学由来の負の遺産も山積してきました。

一方宗教においては伝統的宗教における表面上のマンネリと沈滞、一部の宗教の原理主義化と暴力化、新興宗教の誕生・発展・政治化などの問題があります。本来、科学とはどういうもので、宗教とはどういうものなのでしょうか。科学と宗教とはどのような関係にあるのが良いのでしょうか。

科学は目に見える、物理的世界を対象にしていますし、宗教は目に見えない、霊的世界ないし心理的世界を対象にしています。科学と宗教はそれぞれ別の領域を対象としていますから、お互いに干渉し合わなければ波風はたたないようなものです。でもその場合には、とかく科学者は物理的次元の世界以外の世界を認めませんし、宗教者は科学の成果は利用しても、自分たちの関わっているのは人間の内面の問題、信仰の事柄だとして科学者と対話しようとは思わないでしょう。そもそも科学者との対話の内容を持ち合わせてもいないのです。こうしてお互いに無関係な道を歩むことになりますが、両者はそれぞれに人類に大きな影響力をもっていますので、両者の相互理解が進んでいない状況は困ったことなのです。

科学や宗教の抱えている問題を考える際に、いったんこれらから離れて人間とはどういう存在であるかということを考えるのは有益だと思います。人間の存在構造を考えることができれば科学と宗教の関係も自ずから理解可能になる可能性があり得ると思うのです。

この書では心・夢・気・超自然的現象・光という事柄について検討し、そこから人間存在はどういう構造をもっているかということを考えてみました。

人類が正しい方向に発展するために、今後この方面（つまり人間や宇宙の存在構造に関する学問）の探究が盛んになることを期待しますが、その叩き台として本書が役に立つなら嬉しい限りです。

全体は6章の構成になっています。一応この順に話は展開するのですが、各章の結びつきは弱く、各章はほぼ独立してもいますから、興味のある章だけを読まれてもかまいません。たとえばⅢ章では生理物理学的な内容が含まれ、簡単な数式が少し出てきますが、そのような内容に興味ない方は飛ばして読んで頂いて何の不都合もありませんし、数式を飛ばして読まれても意味は通じると思います。またどの章から読まれてもかまいません。どの章でもかまいませんから、１章だけでも読んでいただければ幸いです。

目次

Ⅰ章 心の多重次元構造

心とは何であるかとか心と身体はどのような関係にあるかということについて古来より多くの議論がなされ、また優れた人たちによって貴重な体験が積み重ねられてきました。

現代哲学においては「心は脳である」[1]と考える人が多いように思います。しかし私たちは「考えよ」と言う時には頭を指差し、誰かに何かを渡したり誰かのためにある行為をしながら「これは私の心です」という時には自分の心臓の前に手をもっていってその両手で心を包むような動作をしたりします。決して頭を指差しながら「これは私の心です」とは言いません。

「あるものが心であると述べることは、それは思考力をもっていると述べることである。思考力をもつことは心であるための論理的な必要十分条件である」[1]とは言えません。心においては思考力をもつことだけでなく、感じることも大切です。暖かい心、冷たい心と表現されるような存在感も含んでいます。心が思考力を発揮しない場合でも暖かさ、冷たさを周りに伝え得ます。従って思考するということが心の本質かどうかは不明です。心は自身や周りの状況を理解している何かです。たとえば思考力が少なそうに見える生まれつきの精神ないし知的障害者に通常より大きな心があり得ます。

心を定義することは心が充分に把握されていないと困難なことです。科学的ないし論理的な探求においては心を定義しておいて議論を開始するのが良い場合もあるでしょうが、この章では心というものをとっかかりにして、科学の限界を超えることはできないか、ということが主題ですから、心の定義はある程度曖昧であっても仕方ありません。最初に心を厳密に定義すると、心というものの範囲を限局してしまう危険性があります。

たとえばくつろいでいる時に或る人のことが浮かび上がってきて、その人にどうしてあげるのがいいだろうか、と思っているとして、そのようなことが起こっている自分の中の場や思いの変動が心の例です。定義は分からなくても心とはどんなものかはみんな知っています。その知り方が私と他の人で同じであるかどうかは厳密には分かりませんが、だいたい同じであろうと判断して先に進むのが良いと思います。そして心はどこにあるのだろうか？　脳なのか心臓なのか他のところなのか？　ということを考えてみたいと思います。心は物理的身体のどこにあるかということにとどまらず、心はどのような存在構造をもっているだろうかということについて考えたいと思います。

最初に生物学的に心はどのように成立してきたかということについて考えます。続いて知的な（哲学的な）議論に頼らないで体験的に心とはどのようなものかを考えます。そして心は体験的にはどのような特徴（面）をもっているかということから、そういった特徴（面）を説明するには人間存在についてどのように考えることが必要かということを考えたいと思います。

1　心の進化（生物学的考察）

地球上の生物が進化するにつれて、その心はどのように進化していったのかを生物学的に短くまとめて眺めてみます。以下は藤田哲也先生の『ゲノムから進化を考える　4　心を生んだ脳の38億年』を参照しています。

原始地球上ではマグマの噴出、雷、大気が不十分だったために強度な日光、天体の衝突などにより多彩な化学反応が起こっていました。それらによって次第にアミノ酸、糖類、脂肪酸、アデニン、リボース、核酸などが作られたと考えられます。新しい分子が次々に作られ、そのなかでも安定した分子がより生き残るようになりました。こうして分子の世界だけでも進化の過程が進み分子量の大きな蛋白質が作られるようになりました。

互いに接着する2つの分子はより生き残りやすくなります。互いに相手を鋳型としていると、材料が集まってくるだけで作られるわけで、ランダムに作られるのとではその効率、生産頻度は格段に違ってきます。核酸の構成要素である4種のヌクレオチドが自分と相補的なヌクレオチドと接着して相補的な重合体を作り、それがもう1度相補的な重合体を作れば自己と同じ重合体を再生産できます。こうして自己増殖する有機体は出現し得ます。いろいろな事情を考慮すると最初に自己複製能を獲得したのはRNAであろう（RNAワールド、42～35億年前、教科書的には38億年前）と考えられています。

RNA群の中でRNA複製酵素群から逆転写酵素（RNAから相補的なDNAを合成する酵素）が創造され、RNAからDNA分子が作り出されるようになる（36億年前）と、1本のDNAさえ囲い込めば、いつでも必要な時に情報を読みだして利用することができるようになります。これが膜に取り込まれれば細胞（＝生物）が出現します（約35億年前）。

単細胞時代の動物細胞は、1個でも感覚、運動、その制御の機能を進化させました。約20億年前動物細胞が集まって多細胞動物が出現しました。そのうち細胞間の機能分担が進み感覚や運動を分担する細胞などが分化していき、筋肉細胞を収縮させる神経細胞（ニューロン）も作られました。

カンブリア紀（5～6億年前）に出現したホヤの幼生に似た原始脊索動物が、現代のホヤと私たち脊椎動物の共通の最初の祖先であったと推定されています。ホヤの幼生は8個の視覚細胞、1個の平衡器官細胞をもっていて、水面下50メートル程度の海底で生み出されますが、孵化するとすぐに尾を左右に打ち振りながら海水中を光のくる方向へ、つまり海面の方へ遊泳します。周囲の空間を認識し、目的をもって自発的に行動している、と言えます。自分が他のホヤ幼生とは別個の存在であることをホヤは分かっていると思われます。この神経的過程は、心の前段階であると考えられます。[2]

進化が進み、食う動物と食われる動物ができてくる（5億4000万年前）とともに、知覚と運動の意識による制御が大切になりますから、その頃から意識は発達していったと考えられます。すでに4億年前の化石魚ユーステノプテロンはⅠ番（嗅神経）からⅩ番（迷走神経）までの脳神経の起始部と走行ルートがヒトと基本的には同じで、脳幹には呼吸や心臓機能の調節や生殖行動、食欲の調節などの生きるための本能行動を自発的に行うことに関係しているニューロン群がありますが、他にも脳幹網様体という意識にとって基本的に必要な神経細胞の集まりもあります。

生物の進化に伴って脳の大きさも大きくなってきました。体重ではなく体表面積で規格化して脳の重量を計算しますと（具体的には脳重量を体重の2／3乗で割ります）どの動物種の中でもこの値（スネルの精神因子と言います）は一定になります。これを動物種間で比較しますと魚類、両生類、化石爬虫類（恐竜）、爬虫類の間ではほぼ同じですが哺乳類になってから増加するようになりました。ということは両生類、爬虫類が水中から地上へ行動の場を広げ、空気呼吸と陸上歩行の能力を獲得し、地上生活へ完全に適応していく過程においても、特に中枢神経系上位統御中枢に著明なサイズの増加を伴うような進化をする必要はなかったということを示唆しています。実際爬虫類の脳には哺乳類で発達している大脳新皮質は存在せず、出現したのは哺乳類の脳で古皮質、旧皮質、大脳辺縁系と呼ばれている旧脳、海馬、淡蒼球、扁桃核でした。これらは主として臭いの情報処理に関係し、本能や情動の発現（怒り、恐怖、攻撃など）に影響を与えるニューロン集団です。ですから爬虫類の知能は低いレベルの意識や本能を支配する脳幹と、旧脳に中心をおいた原始的な大脳皮質系に依存していました。[2] 爬虫類は基本的な情動を経験する能力をもっていたと考えられます。

爬虫類の中から、原始哺乳類が進化してきました。この頃から原始哺乳類におけるスネルの精神因子は急速に増えていきました。それは新皮質の出現・増加によるものでした。哺乳類の中でもイヌ、ゾウ、イルカはスネルの精神因子が大きいものです。この7000万年の期間に、哺乳類に若干でも似た脳重量の増加を示したのは鳥類のみです。トリの中でも最大の脳容量をもつのはカラスであり、そのスネルの精神因子はゾウに近い値をもっているそうです。[2] 一方これらの動物は現在追悼行動を示すことでも有名です。

ゾウが死んだ仲間に枝や土をかけて埋葬することや、[3] 亡くなって海底に沈んでいく我が子を何度も何度も水面に担ぎ上げて仲間とともに泳いでいく母親イルカについての報告や亡くなった主人をいつまでも追悼するイヌの話は有名です。

ある日私（長山）は通勤途中にアスファルト道路の真ん中の方から道端に向かって、仲間の亡骸をくちばしでくわえて運んでいくカラスを見ました。上の方の木の枝からは別のカラスの「クワー、クワー」という悲しいような、威嚇するような声が聞こえてきました。これらはカラスの追悼行動だと私は思いました。多くの人がカラスの追悼行動を目撃されたことがあるはずです。追悼行動を示す動物には心があると思われます。

７０００万年前（白亜紀）霊長類がリスとネズミのどちらにも似た小型の夜行性の動物として他の哺乳類から分かれました。視覚と聴覚を充実させ、両眼視と手を使ったつかまり運動を得意としました。それに対応して脳では視覚中枢（ブロードマンは大脳新皮質を解剖学的・細胞構築学的に1から52の区分（＝領野）に分けましたが、そのうち17野が視覚中枢です）の増設、前肢や指を支配する感覚とその運動の中枢の拡大が起こりました。

約２４０万年前のホモ・ハビリスにおいてはブローカ中枢（44野）という言語の運動中枢（発話に必要）が出現し、約１５０万年前ホモ・エレクトゥス（約70万年前のジャワ原人、約50万年前の北京原人を含みます）においてヴェルニッケの言語中枢（22野、音声言語の理解に必要）が出現しました。ホモ・エレクトゥスは礫石器文化をもっており、火を使用していました。火を管理するに足りるコミュニケーションを十分成立させるような原始的言語中枢が成立していたと考えられます。

大脳の新皮質が大幅に増幅された哺乳類においては外界のイメージの記憶が可能になってきました。この外部世界のイメージがある程度の永続性と独立性をもってくると、眼を閉じて静かに想起すると、その世界が実感できるようになります。記憶される部分も出てきます。

脳のフィルターで抽出された後の入力情報は、外界の現象や事物と同じではありません。抽象化され意味づけされた外界の事物や現象の象徴にほかならないのです。連合野の発達したホモ・サピエンス（約20万年前）の大脳では、抽象化されたシグナルの結集する連合野から、さらに高次の連合野へ抽象化され、その場で結集される結果、事物から抽象化された概念が、別の概念と総合されたり、比較されたり、選別されたりします。つまり、脳の中で、概念の操作が可能になるわけです。これが思考です。

言語機能は自分自身との対話を可能にします。それによって、主体（日常的に動き回っている自分）が客体になりえます。脳の中に外界のイメージが作り出され、その中に客体としての自分（もう1人の自分）が定位され、主体としての自分に向かって対話し、彼からみた自分自身のことや、客体としての自分の意見を陳述することが可能になります。つまり主観の客観化です。「良心」があなたをみているのは、この状態です。客体の自分が、ある程度の独立性をもって、本来の自分の存在を認識し、その状況を客観的に陳述する時、主体である側の自己の存在の明確な認識が成立します。同時に、自己と他者の区別も明確に認識できます。これが明晰性を伴った「自己」であり、これが心というものです。

以上が心の起源についての生物学的な考えです。心が脳に依拠していることが明快に分かると思います。特に心のもっている〝思う〟という面の進化についての生物学的な説明であると私は思います。デカルトの「我思う、故に我あり」に通じる説明です。

一方解剖学者の三木成夫先生は心に対する内蔵の役割を指摘されました。先生の説は以下の通りです。

私たちは日頃「こころで感じる」と言います。こころで感じることを、なにか具体的に表そうとすれば、ごく自然に〝胸の奥から〟とか〝肚の底から〟と言います。これはまさに胸部内臓と腹部内臓――つまり「からだの奥底に内蔵されたもの」との深い共鳴を言い表わしたものです。「こころ」の漢字の「心」は心臓の象形であり、しかもこの心臓が内臓系の象徴であることを思えば、一層そのことが明らかになります。そこでこころと宇宙の大自然との関係について振り返ってみることにします。

植物は季節の流れに乗って「成長繁茂」の相と「開花結実」の相を繰り返します。このリズムは特に1年生草木において典型的にみられますが多年生草木でも原理は同じです。植物は「食と性」の位相交代を居ながらにしてやっています。

動物の体は大きく体壁系（外皮系・神経系・筋肉系）と内臓系（腸管系・血管系・腎管系）に分けることができますが、動物においては宇宙リズムがもっとも純粋なかたちで宿るところが内臓系です。内臓器官は「植物器官」と呼びならわされてきました。一方体壁器官は「動物器官」と呼ばれてきました。

内臓系の中心に心臓が、体壁系の中枢に頭脳がそれぞれ位します。日本人の祖先が、前者の心臓を象る象形文字でもって〝こころ〟に当てたのは、かれらが心臓の鼓動を、宇宙的な〝内臓波動〟の象徴として捉え、さらに、こうした宇宙との交響を〝こころ〟の本来の機能として眺めたからであろうと思われます。

〝切れるあたま〟という言い方があるように「あたま」は判断とか行為といった世界に君臨します。一方〝暖かいこころ〟という言い方があるように「こころ」は感応とか共鳴といった心情の世界を形成します。あたまは考えるもの、こころは感じるもの、ということだと思います。

天体の回帰と歩調を合わせて、内臓のうねりが食から性へ、また食から性へと、地球的な振子運動を続けている……この大宇宙と共振する小宇宙——いいかえれば内蔵された宇宙のリズムを、上古の人たちはその動物たちの「こころ」と呼んできました。ですから宇宙のリズムは当然「天のこころ」ということになります。ちなみに古代中国の人たちは、この大小宇宙の交響の波を三本の波模様〳〵で表しました。「気」の字ですが、これがまさに「こころ」となるのでしょう。「気は心」という言い方もあるように。

仏像の光背の光は仏像によってその中心が異なっています。ある仏像においては眉間のあたりが中心で、別の仏像においては心臓が中心です。これは昔の人が心の座として頭と心臓を想定していたことを示唆するものではないでしょうか。

心の本態は「からだに内蔵された食と性の宇宙リズム」であり、内臓波動と呼んでもよいものです。「生のリズム」そのものであり、動物でいえば「本能」と言ってもよいものです。人間では心情の営みが、はっきりと「意識」されます。つまり心情の営みは大脳皮質までのぼりつめるのです。そのことのひとつの実感として、肚の底から感じとることができるのです。こういう状態を、人間は心が〝目ざめている〟、と言うこともできます。あるいは大脳皮質の放電の前に〝はらわた〟の共鳴現象があったとも言えます。季節感というものは日本人の心の象徴です。四季折ふしの〝もの〟に、その時々の内臓波動の〝こころ〟が共鳴します。はらわたの声が大脳皮質にこだまします。[4]

以上が三木成夫先生の説であり、心の形成には脳だけでなく内臓も関与しているということが力強く述べられています。心臓を中心にした内臓の働きがベースにあって、それが脳で行われる意識の働きに大きな関与をして心を形成するというわけでしょう。心のもっている〝感じる・感応する〟という側面を強調されたと言えるでしょう。

現在の生物学が理解する心とは上述の如きものではないかと思います。つまり心には2つの働きがあり、1つは〝感じる〟という働きで植物にも動物にも認められ、特に動物においては栄養摂取・排泄機能・循環機能・自律神経系などが関与し、もう1つは〝思う〟という働きで動物（特に人間）の脳・運動機能などが関与する、ということになるのではないかと思います。

2 観える心

私の先輩医師の病状が悪くなり、急きょ或る病院へ受診・入院されることになりました。その受診に付き添ったのですが、その間じゅう私はそれまでの3年半先輩の病気に対して何の力にもなれなかったことを思ってガッカリしていました。入院された病室から辞去する際先輩にご挨拶しました。先輩は「先生には大変世話になった。感謝している。有難う」と言われました。私は何の役にも立たなかったと思っていたのに、先輩は心からそう言われました。先輩が、最期の時に向かって素直、単純、純粋、透明になっていかれているのを感じました。

２週間後病状が急激に悪化していることを知り、すぐに病室へ見舞いました。何故か分かりませんが目は見開いたままで閉眼することができないご状態でした。この時には意識がおありなのかどうか分かりませんでした。変わり果てた先輩のお顔を見ているうちに涙が出てきました。私は先輩の左側に立ち、自分の存在の虚しさと無力をひしひしと感じていました。しばらくして、

「〇〇先生！」と呼び掛けました。

「おっ！」

驚いたように目をさらに大きく開け、こちらをご覧になりました。

「長山です、分かりますか?」と言うと、頷かれました。

両手にミトンをされていらっしゃいました。私は先輩の左手をミトンの上から握っていましたが、じれったくなってきたのでナースステーションへ行き、左手のミトンをはずしてくれるように頼みました。ミトンをはずしに来たナースから、席をはずされる時には声をかけて下さい、と言われました。私は両手で先輩の左手を強く握りました。

先輩は普段からマスクをしておられましたが、その時もマスクをされていました。

「どこに行くんですか?」

マスクの下から発せられる声で、しかも小さく、かすれてもいたので、はっきりとは聞き取

れませんでした。確かこう聞こえたのだけど……。

「もう1度仰って下さい」

「どこへ行くんですか?」

確かにこう聞こえました。

私は大変なことを聞かれた、と思いました。それでもう1度質問を確認するために、次のように言いました。

「誰がですか?」

先輩はミトンをされたままの右手をご自分の胸のところへもってきて、2度叩かれました。

一瞬返答に困りました。同時にこの質問にはよく考えて応えなければいけない、しかもすぐに応えなければいけない、と思いました。それでゆっくり3呼吸する間に返答を考えて、

「明るい処です! 今まで見たことも想像したこともないような明るい処です!」と大きい声で言いました。その時先輩はしっかり大きく頷かれたのです。

私はしばらく気持ちを整えて、

「先輩は今まで真っすぐに生きて来られたから、明るい世界に行かれます」

と念押しするように言いました。

「私は先輩に出会えたことを、とても幸せに思います」

先輩の開いたままで乾燥していた両目尻にそれぞれ1滴の涙が滲んできました。

それからしばらくして突然先輩の心臓のあたりに透明ないし白色の不思議な空間が出現したのが観えました。1辺10センチメートルぐらいの立方体であったか、直径10センチメートル程度の球であったかは覚えていないのですが、この世の物理的次元とは異なる、奥深い次元の、清らかさの溢れた空間でした。私は（先輩の）心だ！　と直覚しました。あれっ？　と思っているとポン玉ぐらいの大きさの金色ないし白色に輝く玉が出現しました。続いてその中にピンその玉はコロコロ転がり始め、先輩の左腕を通って手までくると、先輩の手を握っている私の手を通って私の身体の中に入り、すぐに細かく分かれて粉々になり私の身体の中を拡散していきました。

続いて私の心臓のあたりに私の心が先程と同じように（物理的空間ではない）奥深い次元の、清らかさの溢れた空間として観え、そこにやはり先程と同じような玉が出現してコロコロ転がり始め、私の腕を通り私が握っている先輩の手を介して先輩の身体の中に入り、細かく分かれて拡散していくのを観ました。

この経験によって私は先輩が希望に満ちてこの世を旅立たれることを知りました。

この時のことを私は思い出してはよく考えました。先輩の心臓のあたりに現れた空間は、私の心臓のあたりに現れた空間と全く同じでした。そこに出現した金色ないし白色の玉も全く同じでした。観ている角度というか視座も同一でした。私の身体の目の位置から観ているわけではありませんでした。私の身体から離れたどこかから観ていました。空間のどこかではなく、空間全体から観ていたような気もするのです。その時の私の意識は少し変容していたように思います。現実世界とつながってはいましたが、少し離れた部分もありました。それまで心というものを観たことは1度もありませんでしたが、その時は疑いようなく心だと確信しました。

先輩の身体の中だけでなく私の中にも空間と玉を観たということは、私がそれらを肉眼の目で見たのではないことを示しています。私の目の位置からは首を強く前屈させないと私の心臓の位置を見ることはできないのです。私は先輩をじっと見ていたのであって、不思議な体験の間じゅう姿勢は一定のままで、首の前屈などはしていません。しかも対面の先輩の中に現れた空間と玉を観たのと同じように、かつ同じような角度・視点で自分の中で起こっていることが観えたのです。

私の体験した現象を説明するもっとも単純な考えは、心が物理的次元だけでなくそれ以外の次元にわたって存在しているということだろうと思います。そして先輩においても自分においても同じものを観たということは、そういう次元での人間の構造はみんな同じだということではないでしょうか。

心臓のところに光球が霊視できるという人もいます。[5] 光球が心とどのように関係するのかは知りませんが、心は心臓を中心とした内臓の働きを受けた脳の活動（つまり物理的次元では心は内臓や脳の働き・機能）であるという生物学的側面（これは物理的次元です）をもっているだけでなく、物理的次元ではない次元にも拡がっていて、そこでは機能としてだけではなく実在しているものとして観ることができるということではないでしょうか。

反復してよく考えてみますと私が観たものが心であったのか、あるいは心の座であったのかは分かりません。観た2つの心は全く同じでした。これが事実だとしたら、いつから人類はこのような存在構造をもつようになったのでしょう。とても清らかなのです。聖と言ってもいいかも知れません。とても自然淘汰の結果進化してできたものとは思えないのです。しかも自然淘汰とは現象の次元が明らかに違います。もし自然淘汰の結果進化して、その『観えた心』が見えるようになるためにはこれから何千年・何万年も経なければいけないだろうと思われます。実際にはいつの間にかそういう心の存在構造を人類はもつことになったのでしょう。つまり、身体的存在の前に人間には他の存在構造が既にある、あるいは同時に出てきたという可能性があり得るのです。私たちの存在が物理的次元だけでないとすれば、それはどのような次元であり、いつから発生したのか、ということの他に進化は生物学的な自然淘汰だけでは説明できないのではないかという問題も出てき得るのです。

3　まごころ（＝重なる心）

家族を殺された人が加害者を心から赦す、という話を聞くことがあります。どうしてそのような心になることが可能なのか、私は不思議でした。

でも本当に苦しんだ人の中には、自分を超えた広いところに出ていって何か大きなものに包まれる、いわば宇宙の心のようなものに包まれることがあるように思います。その世界に出ていった時にはその人の心は既に相手をすっかり赦している状態になっているのではないでしょうか。まごころは天に通じる、という言い方もあります。脳の働きを超えて心が物理的次元とは異なる次元で他の人の心や天の心と出会って重なり合った時にまごころが通じた、という感覚が生じるのではないかと思います。物理的次元のものは重なり合うことはできませんが、心にはお互いに重なり合うことのできる次元というものがあるように思います。

そのことについて考えるために押田成人師（1922～2003年、世界的に有名な霊的指導者・宗教者）の著作から1つの例を引用してみたいと思います。押田師は第2次世界大戦時に侵攻日本軍により虐殺されたアジアの国々の犠牲者や被爆者などのための慰霊林を、師が住居としておられた長野県の高森につくられた方です。

ヨーロッパの色々の聖堂で戦争犠牲者の名をつらねた祈禱の場にも出会ったが、一つ不思議だったことは、戦争の相手国の犠牲者のことが表現されているのに出会ったことがないことである。それは、私には、そこは宗教の場所ではないことの証しであった。

戦後フィリピンに行った時も、台湾や中国に行った時も、私の心が先ず求めたことは、その民の怒り、憎しみとじかに出会うことだった。そこで戦死した友人に出会うことと同時に。「日本兵が母親から乳飲み子を受け取って天にほうり上げ、銃剣突き刺して母親に向かってニヤッと笑った顔は決して忘れられません」というフィリピン婦人の告白に会い、また台湾での講演で原子爆弾の残虐性にふれた時、「日本人はもっと残虐だった」と叫びながら、講演台に走り寄って来る中国婦人にも出会った。

日本の高森で無一物の修行の道を歩み始めても、私の祈りの歴史は同じであった。慰霊林はその道行きの中で、おのずからに生まれたものである。

在る日、私はその慰霊林でフィリピンの婦人に出会った。彼女は号泣していた。彼女は日本人を赦せない思いが余りにも重く続き、そこからとき放たれるため、日本を訪れて、私の霊父たるドイツ人神父の許に赴いた。そして高森にやって来たのだった。

彼女は私に言った。

「今、私は赦せます」

彼女の涙はとどまることを知らなかった。

私も泣いた。

私たちは、同じ一つの限りない洞の中に居た。

慰霊林はこの洞の中で生まれていたのである。[6]

これは2つの心が重なり合ったという実例です。

とても悲しんでいる人がいました。私はその人が悲しんでいるのはよく理解できるのだけれど、でも今ひとつ親身になれない状態にありました。ところがある時その人の話を聴いている時、急に身体の奥底からどっと涙が溢れ出し、同時にその人の悲しみが私の心の中に居るのに気づく、という体験をしました。その時、私を見ていた相手の人の表情も変わったのです。そして普段とは異なる表情で私をじっと見ていました。私の中の何かをじっと観ていると私には感じられたのです。そういう経験を後になって振り返ってみますと、少なくともそのひととき自分の心は相手の人の心とぴったり重なり合っていたと思えます。

心には物理的次元のほかに観える次元もあり得ますし、お互いに重なり合える次元、さらには天の心と重なり合える次元もあるように私には思えます。

押田師によりますと、人間は多層構造の不思議な存在であり[7]、まごころというのは、小さな自我の殻が破れて、新しい光明に目覚める時に現れてくると言います[8]。それは人間存在のより深い次元に入ったということと同じことでしょう。宗教、文化、歴史の違いを問わないまごころ。まごころは宗教、文化よりもより基本的なものです。それは人間存在の一番奥底のものであり、宇宙のまごころとも通じるものであるのでしょう[9]。

4　心の多重次元構造のヨーガによる説明

人間という存在が多重次元構造をもっているということは、古来多くの修行者や宗教者などによって体験されてきました。仏教にもキリスト教にもその伝統はありますが、ここではその明快さにより、ヨーガによる心の多重次元性の説明を振り返ってみたいと思います。

ヨーガの教えによりますと、人間はカルマ（因果）の法則から自由になって神々の存在に到るまでに、次の3つの異なる次元の身体と心を同時にもっているということです。[10]

（1）物理的次元での肉体とその心（肉体と結びついて働く心＝意識）

（2）アストラルの次元での微細身とその心（感情が主役を演じる）

（3）カラーナの次元での原因身とその心（叡智が主役を演じる）

この世（物理的次元の世界）で生きている人間では、（1）の心身が主となって働き、（2）と（3）の心身は、一般には意識されず、ただ潜在的に働いているだけです。しかし（1）の肉体が滅んだ後も（2）と（3）の心身は存続し、その人の魂の霊的成長に応じて、（2）の世界に住むか、（3）の世界に住むかが決まると言います。カラーナの次元の心身は人間が人間（個人）としての存在をもつに至る原因となる存在性をもっており、これは仏教でいうアラヤ識（蔵識）とも言います。八識（眼識・耳識・鼻識・舌識・身識・意識・末那識・阿頼耶識）の1つで、最も深い層における意識で、超意識と言えるもの）に当たります。

この世にある人でも、宗教的な修行を通して、物理的な次元でのあり方を否定することによって物理的次元での心身から自由になりますと、今まで自分の内に潜在的に存在し、働いていたアストラルの心身が顕われ、働くようになると言われます。するとこの次元での他の存在を認知し、これに働きかけ、合一することができるようになり、さらにアストラル次元でのあり方をも否定できるようになると、カラーナの次元での心身が目覚め、働くようになり、この次元

図1:　肉体(身)・アストラル体(身)・カラーナ体(身)のイメージ図

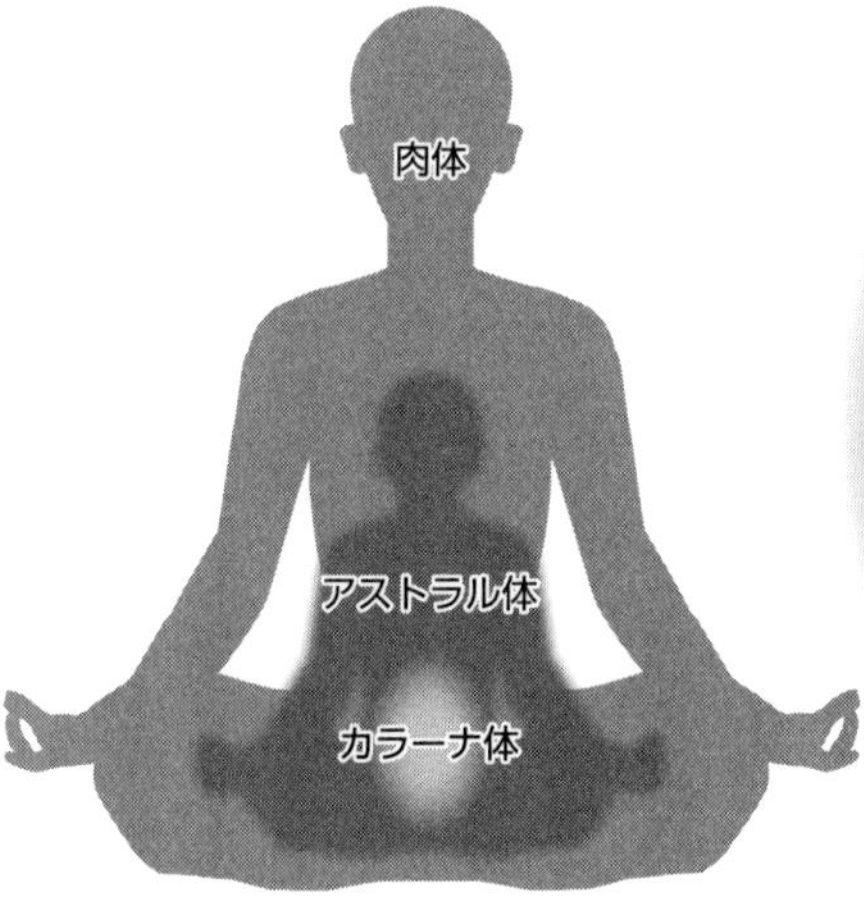

(A)普通の人

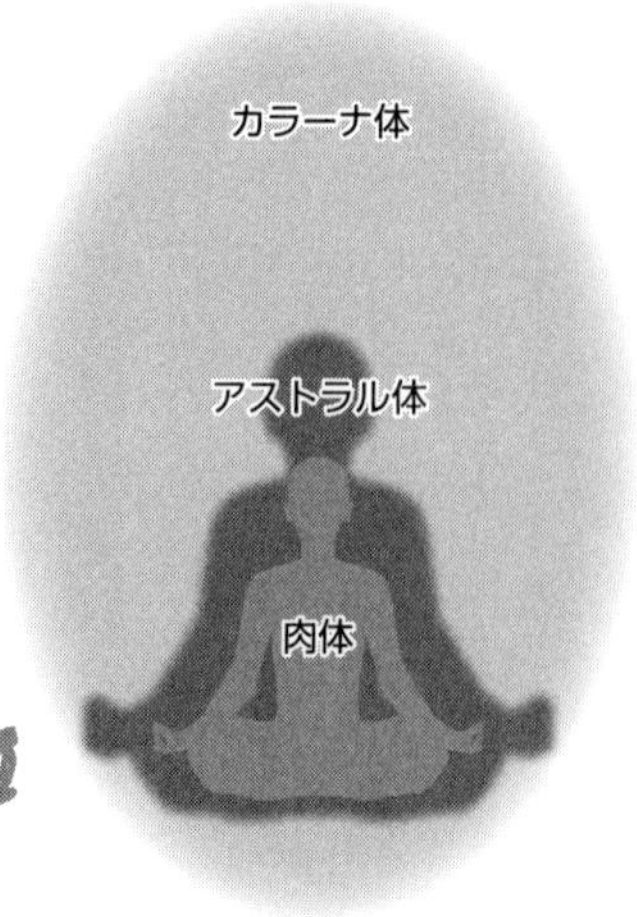

(B)霊的に進化した人

普通の人(A)においてはアストラル体やカラーナ体は隠れています。霊的に進化した人(B)においてはアストラル体ないしカラーナ体が存在の前面に出てきて、かつ広がっていることを示しています

での他の存在を認知し、これに働きかけ、合一できるようになると言われます。

この次元でのあり方をも否定できるようになると、人間は遂に個人としてのあり方を解脱し、個人のカルマの法則から自由になって神々（プルシャ）の世界へ到ることができる、と説かれています。[10]肉体・アストラル体・カラーナ体のイメージ図を図1に示しました。

物理的次元からアストラルやカラーナの次元に進む修行の1つの方法として瞑想があります。ヨーガの優れたグル（師匠）である本山博先生（1925~2015年、世界的に有名な覚者・宗教者・ヨガ指導者・科学者）によりますと次のような過程をたどります。

まず精神集中とか、何も思わないで坐ることを通して、見る自分をだんだんにつくっていきます。瞑想が深まっていくと、次第にアストラル次元の心の広がりが出てきて、自分がずーっと広がっていくように、あるいはずーっと上に上がっていくように感じるようになります。そうなると、人間の存在のもう一つ奥にある部分が出てくるわけです。それがアストラルの次元の事柄なのです。

そういう状態が続くようになると、心が見えるようになります。[11・12]また相手のアストラルの次元の身体の中に入ったり、アストラルの次元の身体にひっついて動いている相手の心、それは主に感情とか想像とかそういう類のものですが、そういうものの中に自分が入っていくのが分かるようになります。[13]

全ての現実の物はアストラルの次元をもっていますが、アストラルの次元において存在しているこれをアストラルの次元で見ているのと、現実の物理的な次元において存在しているこれを物理的次元で見ているのとは形の上で少しだけ違います。しかし、カラーナの次元になると、色とか臭いのような感覚というものは消えて、相手の霊のもっている、見ている物のもっている本質的なものというか、イデアというか、理念というか、そういうふうなものを理解するようになります。[14]

物理的次元の身体ならば、一つになるといっても、いくら押しつけても一つになりません。ところがアストラルの次元の場合は、わりあい重なるのです、入り込めるのです。でも重なっているのだけれども、別々なのです。カラーナの次元になると、もっと強く重なって光と光の合一のようになってしまいます。そっちの光とこっちの光とは光源は違いますが、この部屋の中では全く光の区別がなしに明るい感じだけに変わってしまうのに似ています。融けて一つになるのです、身体も心も。しかし、やはり別々ではあるのです。働きの上では全く区別がつかないようにみえて、一致の状態のようになるのだけれども、やはり区別があると思われます。[15]

プルシャの次元になると身体は無く、純粋精神だけになります。いろいろな人格、いろいろな人間に同時になれて、性格とかいろいろなものが違う人間の中に入って、同時に、何千人、何万人、何億人という違った人間の形をとり、その一人ひとりの中に入ってその人達が生きられるように働くことができます。[16] そして他のプルシャの存在と働きの上で完全に一つになることができますが、存在の上では別々なのです。[17]

以上のように観える心も重なる心もヨーガの経験では人間存在の多重次元構造によって説明されます。アストラルの次元で心は観えるしカラーナの次元で心は重なり合うというわけです。人間存在の多重次元構造を認めると説明は明快になるということです。

5 心の探究の方向性

本章1「心の進化（生物学的考察）」において物理的身体に関わる心の主座は脳にあること、ただし心臓を中心とする体幹内臓器も心の形成に関与しているであろうこと、2「観える心」において心には物理的次元の範囲内では説明できない現象があるということ、3「まごころ（=重なる心）」においてまごころは心の重なり合いと関係すること、および重なり合うという心の性質は物理的次元で起こることではないだろうこと、4「心の多重次元構造のヨーガによる説明」において、伝統的な宗教による存在の多重次元構造についての説明のうちでも最も分かりやすいヨーガをとり上げて、観える心や重なり合う心の意味することを本山博先生の説に従って述べました。

心を探究するにあたって、物理的次元の範囲内でどれだけ探究できるかということはとても大切なことです。この方面の探究は今後も精力的に進められるでしょう。しかし一方で心というものを探究することによって、物理的次元以外の次元というものが人間存在に、ひいては私たちが生きているこの世界に存在するかどうかを探究することも非常に大切なことです。

心には他の者（ないし物）に働きかけるという面だけでなく、受け取るという面もあります。物理的次元とは異なる次元のものを受け取るためにはそれと同じ次元の要素をもっている必要があります。人類においていつの時代にも修行者や宗教者がいて悟りを求め続けてきたということは、人類には物理的次元とは異なる次元のものを受け取る能力があるということを示唆しています。そこに心を入り口にして人間存在の多重次元性を探究する手がかりがあるように思えます。

通常「心を合わせる」という時には比喩的に用いるかお互いに心を同調させるという意味で使われます。しかし私たちには2つの心が、本当に1つになったり2つになったり、自在にその在りようを変えることができるということを時として経験することがあると思います。そのメカニズムを探究することも手がかりの1つになると思います。

心の次元の深まった人はこの世の物理的世界とは全然違う、ありがたい世界に住むようになるのでしょう。普通の人とは見ているものが違ってきます。人は見ているものの中で生活しますから、その人のこの世での一挙手一投足の動機は普通の人と違ってきます。本人の感覚としてはたとえば洞穴の中に居るような感じで、何ものにも煩わされることがありません。[18]

そのような状態になりますと心と身体は歩調が合ってお互いに近づき、一体化して切り離すことができなくなります。宇宙の始まりの方向へ時間を遡っていくと重力と電磁気力などが一体化するのに似ています。心がその次元を深めていけば、心と身体は同じものになってしまうだろう、それもヨーガ的に考えれば心はますます自由になって力を得るのに対し、身体は次第に単純化しより心の思う通りに動くようになり、ヨーガでいうプルシャの段階までいけば身体がなくなり心のみが残って存在は純粋精神になっていくのだろうという予想もあり得ます。

そのような心の探求には今までの自然科学的方法だけでは不十分です。何故なら自然科学は物理的次元しか探究の対象にしないようにしてきたからです。これからは人間の多重次元構造性を研究するためにも、心の多重次元性の探求を行うという視点が大切になってくると思います。

なお私に観えた先輩の心臓あたりに出現した透明ないし白色の不思議な空間は心であると思うのですが、続いてその中に出現したピンポン玉ぐらいの大きさの金色ないし白色に輝く玉が何を意味するのかは私にとって未だに不明です。これと似ている体験の報告はなされていて、[19]その臨死体験の例では輝く球が輝いている心臓から出て腕を通り小指の先まで行きましたが、その玉を身体の外に出すと死んでしまうというお声によって出て行くのを止めたところ玉は逆にコロコロと元の道をひき返して、心臓に入って消えたとみえたら、意識が戻り生き返ったということで、その玉は魂を表わしていたとのことでした。しかし私の体験において輝く玉は先輩から私へ、私から先輩へと双方向性に転がりましたので、魂であったかどうかは不明です。私と先輩の魂が入れかわったという印象は私に全然ないのです。心が進化し体験が豊富になった後世の人々にその判断を委ねたいと思います。

引用文献

（1）スティーブン・プリースト：心と身体の哲学　河野哲也・安藤道夫・木原弘行・真船えり・室田憲司 訳　勁草書房　1999年　333-334頁
（2）藤田哲也：ゲノムから進化を考える 4　心を生んだ脳の38億年　岩波書店　1997年　3-26頁
（3）マーク・ベコフ：動物たちの心の科学　高橋洋 訳　青土社　2014年　78頁
（4）三木成夫：内臓とこころ　河出文庫　2013年　64-109頁
（5）スワミ・ヨーゲンシヴァラナンダ：魂の科学　木村慧心 訳　たま出版　1984年　431-440頁
（6）押田成人：押田成人著作選集2　世界の神秘伝承との交わり―九月会議―　日本キリスト教団出版局　2020年　234-245頁
（7）押田成人：前掲書（6）に同じ　219頁
（8）押田成人：地下水の思想　新潮社　1986年　180-193頁
（9）押田成人：遠いまなざし　地湧社　1983年　21-24頁
（10）本山博：神秘体験の種々相―自己実現の道―　宗教心理出版　1995年　263頁
（11）本山博：神秘体験の種々相Ⅱ―純粋精神・神との出会い―　宗教心理出版　1999年　82頁
（12）本山博：前掲書（10）に同じ　200頁
（13）本山博：前掲書（10）に同じ　60-61頁
（14）本山博：前掲書（10）に同じ　78-80頁
（15）本山博：前掲書（10）に同じ　103-104、194、235-237頁
（16）本山博：前掲書（11）に同じ　112頁

(17) 本山博：前掲書（11）に同じ　171頁

(18) 押田成人：前掲書（9）に同じ　206-215頁

(19) 本山博：死後の世界と魂・土地の神々―魂はあるか―　宗教心理出版　2011年　34-38頁

本山博：輪廻転生の秘密―再生、カルマとそれを越える道―　宗教心理出版　1981年　194頁

本山博：カルマと再生―生と死の謎を解く―　宗教心理出版　1987年　73頁

舞 真 II

夢の中には、脳の働きだけでは説明し難い種類のものがあるように思います。この章では私がそのような範疇の夢であると思っている夢について述べたいと思います。

1　この世を旅立った人に関する夢

私は現在療養型病院に勤務しています。入院患者さんのほとんどは高齢者で、認知症の方が大変多いのです。入院していた方々が亡くなられたのちに、何か月か経ってご家族が挨拶に来られることがあります。そうした際に亡くなられたご本人の夢をご覧になることはありますか？　と問いますと、「ある」と答える人が少なからずおられます。そうした事例の一部を以下に提示します。合わせて私の経験も記載します。

• 60歳からパーキンソン病を患った男性はうつ症状や起立性低血圧の症状が強く出ていました。パーキンソン病と同じ病理変化で起こるレビー小体型認知症も患っておられました。現役の頃は会社内で精神障害になった社員たちの対応をしておられたそうで、この方はそうした社員たちをだらしない、というふうに見ていたそうです。でもご自身がうつ状態を経験して、精神障害というのはこういうものだったのか、と言っておられたと妻からお聞きしました。年余にわたってレビー小体型認知症の進行による意識レベルの低下・嚥下機能の低下が進み、71歳時に誤嚥性肺炎で亡くなられました。

亡くなられて4か月後に夫に関する夢のことを妻に尋ねますと、

「よく夢を見る。ニコニコして出てくる。定年前の頃の姿で。夫が人生で一番充実していたのは定年前の55歳頃だと思う。その頃仲人もやった。その時の写真を葬儀の写真として使ってくれと言っていた」

とのことでした。

• 73歳頃より認知症が出現し、元来の短気や暴言がひどくなった男性は77歳の時に脳神経変性疾患の1つである進行性核上性麻痺およびそれに伴う認知症と診断されました。認知症は進行して79歳時には意識もほとんどなくなっていました。81歳時に誤嚥性肺炎で死亡されました。5か月後夫に関する夢のことを妻に尋ねますと、

「納骨のあとに1度だけ見た。一緒にハワイに行った時の写真を遺影に飾ったが、その時の顔で出てきた。夢と分かった」

とのことでした。

• 71歳時に認知症の診断を受けた男性は75歳時に慢性心不全の増悪で死亡されましたが、その

３か月後夫に関する夢について妻に尋ねますと、

「病気になる前の元気な時の夢は見るが、病気になってからの夢は見ない。夢の内容は起きると忘れてしまう」

とのことでした。

• 80歳頃より認知症になられた女性は90歳時にはほとんど意識なく、意思疎通不可能でした。94歳で死亡されましたが、ご長女の話によると亡くなられた２年９か月後に初めて母親の夢を見られたとのことです。

「母だと思いながら目が覚めた。熱海の昔の古い木造の家のことだった。長い廊下の最後の１枚がなく、開けっぱなしで、『えっ!!』不用心、怖い、とびっくりした私に、母が『大丈夫よ、廊下の奥の扉を閉めればいいのよ』と言った」

とのことでした。

• 認知症、脳梗塞後遺症、慢性心不全などによって88歳で亡くなられた男性の妻は夫が亡くなった20日後に夫の夢を見たそうです。

「昨晩は起きている時に誰かがドアを叩いている感じがした。それから寝たが、夢の中で夫が外から入ってきた。遠くから来たという感じがした。葬儀の時の写真は78歳頃の写真を使ったのだけど、その時の顔で出てきた。『じゃあね』といった時に、最期の時の本当に安らかな顔に変わって、いなくなった。

夫が最も生き生きしていたのは新入社員を教える仕事をしていた60歳代の頃だと思うが、78歳頃が一番威張っていた」

とのことでした。

• 私の母は100歳で亡くなりました。亡くなる約5年前の認知機能検査（長谷川式）では30点満点の18点で軽度認知症と言われていました。晩年の母は緑内障のために目が見えなくなっていました。亡くなる数か月前に久し振りに帰郷して見舞った時には最初母は私のことが分かりませんでした。

「息子の直弘です」

と言っても、

「ウソでしょう。あの子は東京にいる」

と言って信用しませんでした。母が入所していた高齢者施設の職員だと思ったようでした。

他の話をして少し時間をおいてまた、

「息子の直弘です」

と言いました。母はまた、

「ウソでしょう」

と言いました。そういうことを何度か繰り返しているうちに、

「ん？　本当に直弘かもしれん」

と言うようになりました。そこで畳みかけるように直弘だということを強調すると、母において次第に息子だということが確信されていって、

「おお、直弘か、よく帰ってきた！」

と言うに至りました。私たちは頬をくっつけ合って泣きました。4、5か月後に母は亡くなりました。

亡くなったあと母の夢は何度か見ていましたが、数か月後に見た夢は印象的でした。夢の中で私は幼稚園の先生をしていました。自分が幼稚園の先生をしていることに驚きながらも園児たちに溶け込んでいました。周りに数人の保護者もいました。急に遠くにもう1人の保護者が現れて、次第にこちらに近づいてきました。40歳代と思われるきれいな女の人でした。ほほ笑みながらどんどん近づいて来るその人を見て、どの子のお母さんだろう？　と考えていました。どんどん近づいてきたその人の頬と私の頬がほとんど接触するほどになった時に、初めて母だと気がつきました。と同時に目が覚めました。

目が覚めた時には母の、しかも私が小学1年生の頃の、若かった母の生々しい頬の感触が私の顔の近くにまだ残っていました。（今まで見た母の夢と違って本当に）母の夢を見たなあ、母

らしさが表れていたなあと思いました。同時に母から会いに来てくれたという印象をもったのです。

これらの夢の事例に共通した特徴は、

1 認知症を患っていた故人が認知症の状態で近親者の夢に現れることはなく、認知症状がなかった頃の姿で現れる。

2 親しかった故人が夢に現れる際には、生前その人が人生の中で一番満足していた、あるいは最も（特に内面的に）活躍していた時期の姿で現れることが多い。

ということだと思われます。ただし以上は高齢で亡くなった人たちについての経験です。

夢のメカニズムはよく分かっていません。脳科学的には脳波（ＥＥＧ）や機能的核磁気共鳴イメージング（ｆ‐ＭＲＩ）などを使用した研究の結果、海馬・扁桃体などの大脳辺縁系や前頭前野、前部および後部帯状回、側頭・頭頂接合部などが関与していると言われていますが[1]、今後脳科学が発展すればするほど脳内の神経インパルスだけですべての夢の説明がつくとは思われなくなるだろうと思います。

普段の夢はとりとめのないものが多く、また時に日常の気がかりなどと関係があるように感じたり、自分の無意識から湧いてきたと感じたりして、自分の内部から発するように思われることが多いのですが、故人に関する夢の中には通常の夢に比べてとてもはっきりしていて、しかも自分の内部から発したとは思えない、外部からやってきた、故人が自分の夢に入ってきた、という印象を与えるものもあるように思います。また夢から覚醒した時の全身状態ないし意識状態が通常の夢のあととは違っていて、特殊な夢を見た、霊的な（つまり身体とは別に霊というものが存在してその）夢を見た、という気持ちになりますし、自分の身体ないし存在が、大いに洗われたように感じたりもします。要するに夢を見る人の願望の反映というより故人からのメッセージ性を強く感じるのです。

このような印象・状態は自分の脳内の神経インパルスの活動だけで説明できるものでしょうか？　脳内だけでなく、変化が全身に及んでいると感じることはないでしょうか？

故人に関する夢の説明として最も単純なものは、故人の意識のようなもの、つまり霊魂と言われるものが世界のどこかに存続する、ということを肯定することです。そういうものの存する霊的世界の存在を前提とすると、故人に関する夢から次のことが分かります。

第1に霊的世界とこの世とは夢という形式ではつながりやすい、ということです。これは故人に関する夢が霊的世界を探求する1つの手がかりになり得ることを示します。

第2に生前の認知症は死後には（霊が存続するとして）霊（魂）に及んでいない、ということです。ある女性の宗教者かつ修行者がいました。極めて霊能の高い人でしたが加齢とともに認知症になられました。息子の顔さえ見分けることができなくなりましたが、ある時次のように言われました。

「どうも私はボケているようだが、なあに、こんなものは死んだら治る」

これを聞いて私は至言だと思いました。上述の症例群から分かるように、魂が存することと、死後の魂は生存者の夢に現れ得るということを仮定すると、死ぬと認知症は治る（治って近親者に会いに来ている）あるいは認知症は元々霊には及んでいない、ということが結論されます。

死ぬと病気から解放されるということはおそらく認知症だけには限らないことだと思います。以下に別の疾患を背負った人の1例を挙げます。

若い頃私はある病院の呼吸器病棟に勤務していました。呼吸機能が低下しているため常時酸素吸入をしていなければならない患者さんたちが大勢おられました。その中に慢性気管支炎を患っていた竹田さん（仮名）という女性がいました。いつも排痰に苦労しておられました。病気に対する心配が主な原因で精神が不安定になりやすい人でした。ナースステーションではナースたちの彼女に対する不満が聞かれることが時々ありました。その彼女がある時から精神的にシャキッとなったのでした。それは祈ることを始めたからでした。以後明るくなりましたし、同室になった人たちを時々大切な場面で励ますようになったのです。謙遜な人でした。

別に木原さん（仮名）という患者さんがいました。肺気腫という病気で苦しんでいました。ひと呼吸ひと呼吸に努力が必要だったのです。仰臥位では呼吸が困難だったため、日中は座位でいることがほとんどでした。信仰はもっていませんでしたが、彼女のひと呼吸ひと呼吸の様子は必死に静かに耐えている修行者のようでした。元々大学病院に入院していましたが、担当医が留学することになり、私たちの病院に転院して来られたのでした。担当の先生にうまいこと言われて転院させられた、と言って笑っていました。

竹田さんと木原さんはある時から同室になりました。2人は6人部屋の対角線上の隅と隅のベッドでした。木原さんは呼吸苦から話すことが困難でしたから普段お互いに会話することは少なかったのです。

誰にもいつか最期の夜は来ます。その夜他の同室者が寝静まったあと、座位のままの木原さんが就寝前に痰を出すために同じように座位になっていた竹田さんに話しかけました。「私はこの病院に来て良かった、多くの人に出会えた、私はもう死ぬ」という内容のことを言ったそうです。それから窓の外に目をやって手を合わせ、5分ほど深い祈りを捧げたのち、竹田さんにニッコリ微笑んで横になったと言います。竹田さんにしてみれば初めて見る木原さんの祈りの姿でした。木原さんはその日の深夜亡くなっているのを見廻りのナースに発見されました。

それから1、2か月後のある時竹田さんが私に言いました。
「昨日木原さんの夢を見た。木原さんは明るかった。笑っていた。もう酸素は吸っていなかった」

この言葉は私に深い印象を残しました。人は死ねば生前の病気から自由になるのだ、ということを知ったのです。従って死を前にした時には病気にとらわれないことが大切だとも気づいたのでした。

認知症で亡くなった故人に関する夢から分かる3番目のことは、故人がその人生で最も充実していたと本人は思っていただろう時期の姿で現れるということが、ある程度自分の人生に満足して旅立っただろうことを示唆していると思われることです。夢の中の故人のイメージは実際の故人のもつイメージなのか夢を見る人が故人に対してもつイメージなのかは分かりませんが、故人の夢には故人からの侵入性を感じますので、私は前者だろうと思います。つまりアストラル次元の霊体（アストラル体）が夢に出てきている可能性があります。[2] そうすると霊界を知るという意味で、故人の夢についての探求は意味があるということになると思います。

夢とは別に、霊体が出現することがあると言います。死亡した人間の出現物（霊体）のほとんどは死亡してから1時間以内に現れることが多く、また未亡人の14パーセントが亡くなった夫の出現物を見ているという報告もあるようです。出現物は第3者やビデオカメラ、動物などによって（雲や影のようなものとして）目撃されています。[3] それがどういうことを意味し、夢への出現とどのように関係するのかしないのかということも今後の探求課題になると思います。

霊の世界に行った時に全ての霊が満足しているはずはありません。しかしどのような人生を送ってきたにせよ、認知症で意識が不明瞭になっていく数年間の過程で、本人はただ息を吸ったり吐いたりしているような時間が過ぎていったとしても、その間にその人の存在ないし霊の浄化が少しずつ行われている可能性はあると思います。実際認知症の人で穢れた目をしている人はいません。その人なりの人生の完成をみてこの世を去るから一番充実した時期の姿で夢に現れることができるのではないかとも考えられます。そのように考えると高齢者の慢性療養にも新しい意義づけが出てくると思います。

2　神秘的な夢

東京の四谷で或る講演会が行われたことがありました。何がテーマであったかは忘れました。講演者の1人に本山博先生がおられました。講演会を主催・進行したカトリック司祭が本山博先生の大学時代の同級生であった関係から本山博先生は招かれたのだと思います。本山博先生のお話の内容がどのようなものであったかは覚えていません。ただ質疑応答の中で本山博先生が「神人合一する時は一瞬に起こる、ボーッと」と仰って、両腕を頭上に上げ、両手の指を広げて円筒を作り、その円筒を上から下に（つまりご自分の頭の方に）スッと下げられたのが印象的でした。私はその講演会の途中から会場に入ったのでしたが、何人かいた講演者の中で本山博先生の存在感は別格でした。私が本山博先生にお会いしたのはその時が2度目でした。以前に1度チラッとお会いしたことがありました。休憩時間だったか講演会が終了した後だったか、会場入り口の辺りに本山博先生が、場違いのところに来た、というふうに所在なさそうに立っておられるのを見つけて、思い切って声をおかけして自分の姓名を名乗りました。先生は「おっ」と仰って嬉しそうに微笑まれました。覚えておられたのでしょう。奥様もそばにおられ微笑んで会釈されました。さあお話ししようと思っていたら、係の女性が本山博先生を呼びに来ましたので、先生は名残り惜しそうに離れて行かれました。私には先生の私に対する懐かしそうな態度がとても不思議でした。今思い出しても不思議なままです。その後何度もお会いすることになりましたが、その時のような本山博先生に接したことは1度もありませんでした。

その夜夢を見ました。

不思議なお宮がありました。由緒正しい立派なお宮に見えました。その屋根の上に本山博先生が坐って瞑想しておられました。そのうちお宮の縁から、また屋根の縁から次第に雲が沸き上がってきました。最後には本山博先生の周りからも沸き上がってきて、先生のお身体が白色か金色かに輝く雲によってほとんど覆い尽されるようになりました。聖なる感じが強くしました。これは本山博先生が悟られた時の姿を現していると夢の中の私には直感的に分かりました。夢の中で私は圧倒されていました。

目が覚めた時に私は全身・全霊が洗われたようになっていました。私の中の全ての穢れがとれているのを感じました。不思議な有難い夢を見たなあ、と思いました。

それから30年後に本山博先生の著書を読んでいて神人合一の経験についての以下の文章に行き当たりました。

最初に猛烈な白い光が見えます。その光が見えて、その光の中に自分が包まれて、空中に浮いていて、真っ白な雲の中に、自分が大きな存在になって光り輝いているような気がする時がある。そういうのを法雲三昧と言うのですが、まず最初は真っ白い光が見える。

そういう白い光が見えて、この光が、非常に大きな力をもった或る存在、神様だというふうに分かる。……中略

絶えず光っている、大きな雲の上に乗っているような感じで、そして自分がすごく光ってい

るのです。そして坐っているのだけれども、現実に坐っている場所で坐っているのではなくて、かなり高いところで、光っている雲のようなフワフワしたものの上に自分が乗っかって坐っているのです[4]

この時やっと私は本山博先生が意識して私の夢に現れて下さったのだということに確信がもてたのでした。本山博先生がこの世を旅立たれて数年が経っていました。

こういう神秘的な夢の現象はどのように説明できるでしょうか。本山博先生が悟られた時の体験は私の意識の中にも無意識の中にもありません。従って眠っている自分の中から湧き上がってくる可能性はないと思います。ではどのようにしてこの現象を科学的に、つまり物理的生物学的次元の範囲内で説明できるでしょうか。私にはその説明が思いつきません。それ故思考の枠を拡げなければならなくなります。そうした時にその1つの可能性としてここでも物理的次元の他に霊的次元を想定するということが出てきます。

アストラル次元とかカラーナ次元と呼ばれる霊的次元があり、かつそのような次元は夢の世界と容易に相互作用し得ると考えます[2]。また霊的に高いレベルの人は他者の夢に意識的に入り込む、ないし夢を送り込むことができると考えます。そうすれば私の見た夢の説明はつきます。

このような夢の話は、母親から聞いた話としてインドのヨーガ行者ゴーピ・クリシュナも報告しています。(5) 乳飲み子であったゴーピ・クリシュナが重症の咽頭炎に罹患して何も嚥下できなくなった時、母親の夢に或る聖人が出てきて幼子の口を優しく指で開き、それから母親に、幼子に食べ物を与えるように指示して消えたと言います。夢から覚めた母親はその指示の通りにしたところ幼子は乳を飲めるようになっていて生命が助かりました。数年後母子ともにその時のお礼を述べるために夢に現れた聖者のもとへ訪れたところ、母親が挨拶を始める前に聖者の方から「夢の中でお宅に伺ったが」と話し出されて母親はただただ驚倒したということです。

優れた宗教者の体験された夢の話も参考になります。

唐の都長安の青龍寺東塔院の恵果阿闍梨から空海は真言密教の奥義をわずか3か月ぐらいで伝授されました。名もない一介の日本の修行僧空海に恵果阿闍梨は慈父の心で接したのでした。その半年後に恵果阿闍梨は入滅されます。入滅された日の夜に空海は道場で恵果阿闍梨の夢を見ます。おそらく空海は昼夜を問わずつききりで入滅前の恵果阿闍梨のそばにおられ、その疲れが出てまどろまれたのでしょう。生前と同じようなご様子の恵果阿闍梨は立ち姿で次のように言います。

「あなたにはまだ分かっていないか。私とあなたには前世からの因縁があって、生まれ変わり生まれ変わる間にお互いに誓いあって密教を弘め合った。師弟の間柄も一度や二度ではない。

それ故私は遠くのあなたを呼んであなたに私の深い法を授けた。あなたに授け尽くした。私の願いは充たされた。あなたは西の土地（唐のこと）で私の弟子となった。今度は私が東の日本に生まれてあなたの弟子になろう。私は先に行っているから、あなたはできるだけ早く帰国するように」（大唐神都青龍寺故三朝国師灌頂阿闍梨恵果和尚之碑、御請来目録）

この夢も空海が見たというより恵果阿闍梨が空海の夢の中に来て下さったという気がします。リジューの聖テレーズ自叙伝にも彼女が霊魂の暗夜にいた時に、ある聖女が天国から聖テレーズの夢の中に現れた際、聖テレーズは会ったこともほとんどなかった尊者イエスのアンナであると直覚したこと、夢から覚めたあと聖テレーズは尊者の夢の中への訪問によって力づけ励まされたことが述べられています。[6]

これらの神秘的な夢は、霊的に高い存在は他の生者の夢に入り込むことができることを示しています。この種の現象も物理的身体（を含めた人間存在の多重次元構造）と霊界との関係を探究する時に1つの手がかりになり得ると思います。

引用文献

（1）Serena Scarpelli, Aurora D'Atri, Maurizio Gorgoni, Michele Ferrata and Luigi De Gennaro: EEG oscillations during sleep and dream recall: state- or trait-like individual differences? Frontiers in Psychology 6, 1-10, 2015.
（2）本山博：神秘体験の種々相Ⅱ―純粋精神・神との出会い―　宗教心理出版　１９９９年　１５６頁
（3）カール・ベッカー：死の体験―臨死現象の探究―　１９９２年　法蔵館　82-１０１頁
（4）本山博：前掲書（2）に同じ　23、53-54頁
（5）ゴーピ・クリシュナ：クンダリニー　平河出版社　１９８０年　27-29頁
（6）テレーズ・マルタン：幼いイエスの聖テレーズ自叙伝　東京女子跣足カルメル会訳　ドン・ボスコ社　２０１８年　２４７-２４９頁

Ⅲ章

物理的世界とアストラル世界

Ｉ章４で心には物理的次元のほかにアストラル次元やカラーナ次元があると述べましたが、ヨーガでは身体にも３つの次元の身体があると考え、それぞれ肉身、微細身（アストラル体）、原因身（カラーナ体）と呼び、そしてそれらの存在する世界（次元）をそれぞれ物理的世界（次元）、アストラル（世）界（次元）、カラーナ（世）界（次元）と呼んでいます。人が死ねば肉身（物理的次元）は滅びますが、アストラル体（アストラル次元）やカラーナ体（カラーナ次元）は存続します。そしてそれらが行く世界がアストラル界やカラーナ界です。ですからアストラル界やカラーナ界は霊界とも呼ばれるわけです。

修行などを通じ境位が進んでいく場合、境位を段階という概念で区分することが正しいかどうかは分かりませんが、十字架の聖ヨハネ[1]などは霊的な道にはいくつかの段階があるという言い方をしています。ヨーガでは境位をアストラル次元、カラーナ次元、プルシャ次元と大きく３つに分けています。アストラル、カラーナ、さらにその上のプルシャ（純粋精神）の順に次第に高尚・純粋な世界になっていくそうです。物理的次元に一番近いのがアストラル次元です。物理的次元（世界）とアストラル次元（界）を結びつけるものの１つに「気」があると言われます。

気という文字はたくさんの言葉に入っています。気持ち、気立て、気前、空気、気候、元気、意気、陽気、人気、気品、和気などなど。私たち日本人には気という言葉の響き・ムードについてはよく分かっていますが、いざ気とは何かと問われると的確に説明することが難しいのではないでしょうか。この章ではまずアストラル界とはどういうところであるかについて論じ、次に気とはどういうものかということを考えます。

身体内を流れる気については人体内諸器官の情報のやりとりという役目があって、気の流れに滞りがないと健康であり、気の流れが滞ると病気になり得ると考えられてきました。上述しましたように気には物理的世界と霊的世界（特にアストラル界）の橋渡しをするという側面もありますから、物理的世界とアストラル世界の間にはどのような関係があるのかということを考えるためには気についての考察は重要になるのです。その後に物理的世界とアストラル界はどのようにして相互作用し得るかということについて考察したいと思います。

1　アストラル体とアストラル次元

アストラル次元の世界（いわゆる霊界）というのは夢の中の世界に似ていると言われます。多くの人は死後この世界に入っていきます。一部の優れた人たちはもっと優れたカラーナやプルシャと呼ばれる世界に入って行くそうです。アストラル次元の世界について記載している書物として『エジプトの死者の書』、『チベットの死者の書』、スウェーデンボルグ（1688～

１７７２年、スウェーデン生まれの科学者・神学者・思想家）の著書などが有名です。これらの書物はアストラルの世界についてほぼ同じようなことを述べています。本山博先生の著書を参考にするとその内容は以下のようです。

アストラルの世界にも日光があり、土地もあります。我々の世界と余り変わらず、ただ物理的次元の身体を持っていないということが大きな違いです。アストラル世界の「物」というのは自分の身体も含めて、思念によって想像によって簡単に生み出すことが出来ます。ですから身体というのは重要ではなく、自分の心の状態に応じて自由に変わってしまいます。例えば肺癌の痛みを背負って亡くなった人は、死んだことに気づかないとアストラル世界でも苦しんでいますが、自分は死んで霊界に移ったのであり、癌はもうない、と思えばたちまちに痛みがなくなる、という具合です。アストラルの世界には、アストラルの物があって、それは想像したり、こうこうなりたいと思ったりすると、その通りに変わりますから、スウェーデンボルグも、霊の世界である程度行をした人達が10人も20人も集まって山を造ろうと思ったら、山ができると言っています。しかしその山も川も想念の産物ですから、もっと優れた霊になれば、それらにとってはないのと同じ状態であり、一種の幻覚なのです。(2・3)

このようにアストラル界の自然や物質や身体は、感情や想念によって容易に変形させられます。つまり、心身相関が高く、感情や想念の通りに身体が変化します。アストラルの身体はアストラル次元の精神物質的エネルギーや日光のエネルギーを吸収して生きています。

アストラルの世界には、我々のこの世界と同じように、臭いや音やその他の感覚があります。そして非常に鮮やかです。音も、CDで聴く弦の音とか管楽器の音よりももっといい、本当にすばらしい音です。この世のものよりも、形も色も鮮やかで、例えば一度でもアストラルの次元の音を聴くと、この世の音がどんなにつまらないか分かるようになります。

アストラルの世界ではコンピューターとか飛行機などは要りません。行きたい所へピュッと飛んで行けますし、人が思っていることはピュッと分かります[4]。

ここで私が考察したいことは以下のことです。アストラルの世界では想念によっていろいろな物の形は変わるとしても、形というものがあるのだから形には基本となる構成要素があるはずです。それはどのようなものだろうか？　ということです。

上述のようにアストラルの世界には色鮮やかな美しい世界もあるようですが、『チベットの死者の書』によりますと薄明かりの状態・世界があって、それよりももっと下の世界に行くと、非常に暗い世界に変わります。暗いブルーの世界で、夕方よりももっと暗くなった状態で、そ

してそこでは非常に不安になるようです。(2) アストラルの次元では、苦しい地獄のようなところもあります。(4)

霊界に関する本のことはまだ知らなかったある夜私は夢を見ました。夢の中で私は小舟に乗って櫓を漕いで佐渡島へ行こうとしていました。そこで行われる神社のお祭りに参加するためでした。娘も一緒にいました。突然場面が変わり、私は浜辺にいました。私は自分が死んだことを悟りました。おそらく小舟は沈没したのでしょう。私は絶望して激しく泣きました。そこから見える空の向こうに現世があるのが分かりました。もう決して現世には戻れないのでした。とんでもない世界に堕ちたものだとつくづく後悔して泣きました。しばらく経って諦めが少しついてきて、近くを歩き始めました。明治時代のような貧しい街並みに夕闇が迫ってきていて、家々には裸電球が各戸に1個ずつ灯り始めていて、薄明るいのです。私の見たある家にはおとなしく善良そうなお爺さんと娘さんが仲睦まじそうに住んでいましたが活気は感じられませんでした。いつの間にか場面が変わって白黒の世界になっていました。味も素っ気もありません。さらに行くと次第に暗闇の世界になり、ほとんど暗くて何も見えないような世界でした。それでもよく注意して見ると邪悪な者たちがいて飛びかかるように追いかけてくるのです。怖い世界でした。

目が覚めた時、夢だったのか、よかった、と思いましたが、それまで見たこともない夢で、目が覚めた時の自分の身体内部の感じから自分は確かに霊界に行ったという気がしました。そして死んでも低い霊界には行くものではないとつくづく思いました。自分の夢から霊界は色彩や明るさにおいて、場所によってあるいは霊界のレベルによって大きな違いがあり、グラデーションのようになっている、別の言い方をすれば多層構造になっているということがよく分かりました。極彩色の楽しい世界もあるのだろうけれど、ほぼ連続的にいろいろな段階があり、地獄に近いところもあることを知りました。

アストラルの世界にはいろいろなレベルがあるとして、そのうちでも白黒（モノクロ）の世界を思い出しますと、次のように考えられます。この白黒の世界の基本となる構成要素としては、互いに対立する2つの基本要素（色でいえば白色と黒色をもっている）しかないだろう、と。この基本要素は形の基本要素であるだけでなく、エネルギーの基本要素でもあるだろうと思います。アストラルの世界はグラデーションのようになっていて、夥しい段階があるにしてもその基本構造は共通しているはずです。従ってアストラルの世界全体が2つの基本要素から成り立っていると思います。この基本要素を陰と陽と呼ぶことにします。つまりアストラル界は陰と陽からできていると考えられるというわけです。中国（道教など）や日本には昔から陰陽の考えがあり、韓国に至っては国旗に陰陽の考えを取り入れていますが、おそらく昔の人たちはアストラルの世界を体験して陰陽の考えに到達したのだと思います。

本山博先生の著書の中には次のような一文があります。

今の物理的次元の世界では四つの力があることが発見されていますが、重力を除いたあとの三つのものはすべてプラス、マイナスというふうに、たとえば磁力線にしてもNとSというふうに分かれてある。いろいろなものが相反する二つの力に分かれて、その間の調和がとれている時に、アストラルの次元でも物理的な次元でも存在が成り立つわけです。

ところがカラーナの次元になると、+と－は一応の区別があるように見えるが、本質的には+と－が一つになったような、+でも－でもないような世界があって、それがもう一つ次元の下がった世界に下りてくると+と－というふうに分かれて、これが調和、統一の状態を保っている時に存在が成り立っている。カラーナの次元では、+と－をこえて、+でも－でもないような世界があるように思うのです。[5]

このように本山博先生も（具体的な根拠は分かりませんが）体験的にアストラル次元の世界はプラスとマイナスで構成されていると考えておられたことが分かります。

従ってアストラル次元の世界は陰陽で成り立っているということを前提にしてアストラルの次元の身体が物理的次元の身体とどのような関係にあるかを以下に考察したいと思います。

2　経絡と経穴

中国伝統医学では身体には気という一種の生体エネルギーが流れていると考えてきました。気の流れる通路を経絡と言い、各経絡の中でも重要な個所を経穴と呼んでいます。経絡はたくさんありますが、特に重要なのは12経絡と２つの奇脈です。12経絡とは肺経・大腸経・胃経・脾経・心経・小腸経・膀胱経・腎経・心包経・三焦経・胆経・肝経の12の経絡のことで、重要な２つの奇脈とは督脈と任脈です。これらは全身の皮膚および内臓をまんべんなく走行しており、この中を気エネルギーが滞りなく流れていれば健康であり、どこかに滞りを生じれば病気になり得るというわけです。それ故病気になればそれぞれの病気に対して適切な経穴に刺針などをして気の流れを改善させようと試みます。

経絡および経穴は真皮結合組織(6)や筋肉間あるいは筋膜間の結合組織(7)に存していると考えられています。

身体を流れるこの気というものが何であるかということは未だに分かっていません。生体の霊妙なエネルギーであるかのように漠然と思われています。各経絡を流れる気を身体全体として把握できる人は余程の名医ないし修行者です。多くの治療者は病人の病気の部分だけを診て、その治療点に刺針などをするのだと思います。

１９８０年頃に本山博先生によって経絡－臓器機能測定器（the Apparatus for measuring the functioning of the Meridians and their corresponding Internal organs　略称ＡＭＩ）が発明されました。これは東洋医学的な考えと西洋医学的な観察手法とを組み合わせた優れた着想によるもので、各人の全身の気の流れのバランスとか過不足を大まかに把握することに役立てることができます。このＡＭＩの測定結果をもとにして気とは何であるかを考察しようと思います。

3　本山式経絡−臓器機能測定器の原理[6]

本山式経絡－臓器機能測定においては四肢末端にある上述の12経絡の経穴（井穴と呼ばれ、爪半月より約4ミリメートル近位にあります）の他に心包経（第3指内側）と八兪経（第3趾外側）の井穴にも関電極を置き、合計14経絡について測定します。直径3ミリメートルの関電極（銀電極）を各経絡の四肢末端の経穴（＝井穴、図2参照）に、2センチメートル×3センチメートルの不関電極（銀電極）を両前腕の伸展側・手首より約10センチメートルの部位に置き、関電

図2:　14経絡の井穴の位置

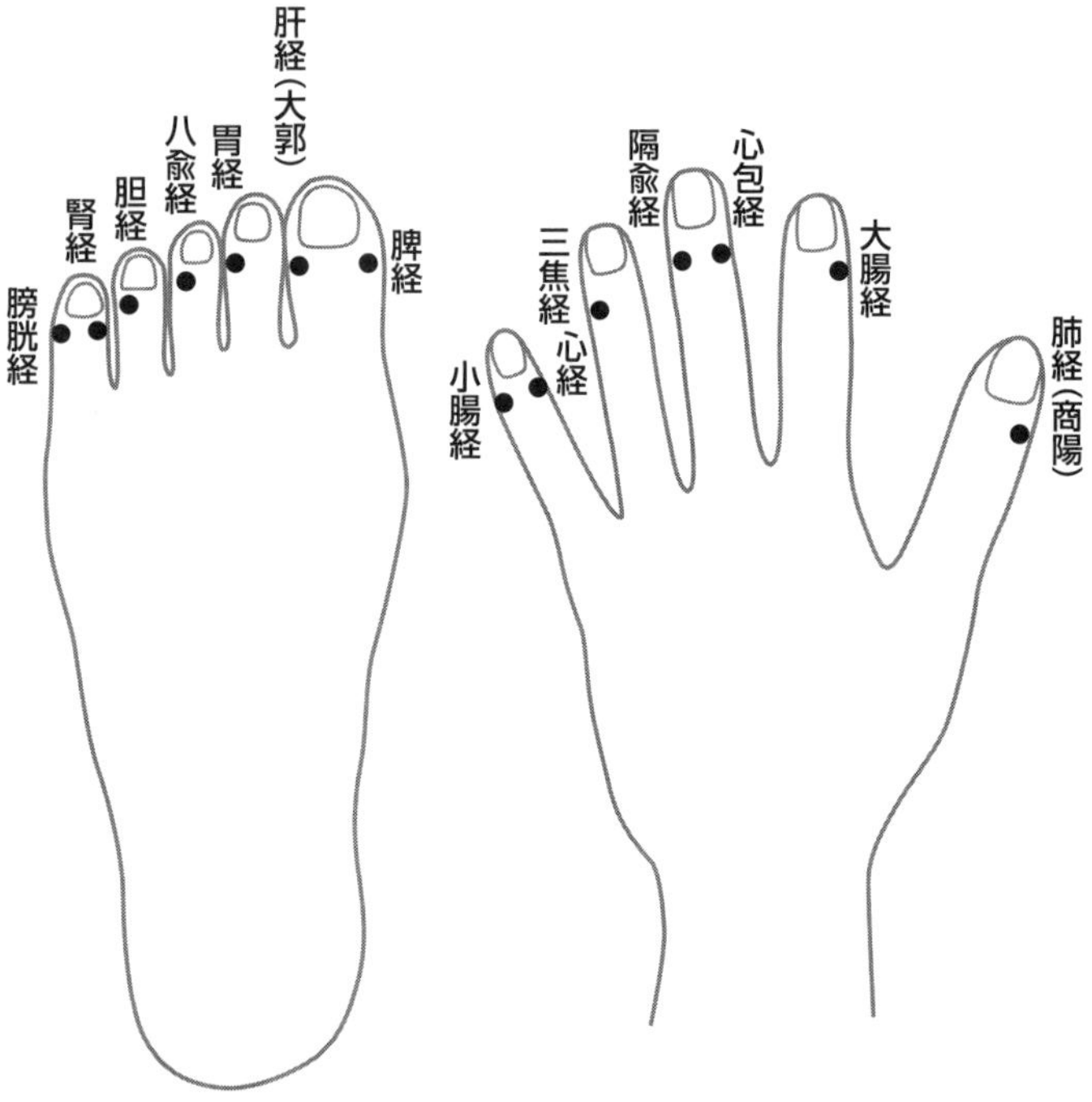

肺経と肝経の井穴はそれぞれ商陽(しょうよう)および大敦(だいとん)といわれます

極と不関電極の間に直流３Ｖ、持続時間2ミリ秒の矩形波パルスを1回かけ、回路内に設けた１００Ω（オーム）の負荷抵抗の両端を流れる電流によって生ずる電位変化をアンプに入れて記録します。その時の表皮の電気的模式図を図３（Ａ）に示します。測定される電流の時間的推移の波形は図３（Ｂ）のようになります。最初に流れる電流が最大で、以後ほぼ指数関数的に減少し初期値に比べれば圧倒的に小さな一定の値に漸近します。この電流の時間的推移は、矩形波の外部電圧によって、生体皮膚の体液イオンが移動して、外から負荷された電位と逆方向に分極が起こってくる過程を表しています。最初に流れる最大の電流は分極が起こる前の電流ですからＢＰ（Before Polarization）電流と呼び、最終的な一定になった電流をＡＰ（After Polarization）電流と呼びます。ほとんどの例で２５６マイクロ秒以内にはＡＰ電流になります。

ＢＰ電流が流れ出すと、その直後から、生体皮膚組織中のイオンが電流の通っている皮膚組織内で分極を始めるため電流は流れ難くなり、次第に減少します。分極形成のために移動したイオンの総量は、ＢＰからＡＰを引いた高さ（＝下降曲線）と、ＡＰの高さの底辺とで囲まれた面積の値であり、ＩＱ（Integrated Qoulomb）と呼ばれます。

ＢＰ値は両電極間皮膚のもつ電気抵抗によって決まりますから不関電極の位置が変われば変化します（関電極と不関電極の距離が長くなるほど抵抗は大きくなりますからＢＰ値は低くなり

ます）。しかしＩＱ値は不関電極を前腕に置いても下腿においても、つまりどこに置いても、変化しません。ということは、ＩＱ値は関電極のごく近傍の皮膚の状態で決まるということです。

ＩＱ値が何によって決められるのかを決定する（つまり分極が起こる部位を決定する）ために皮膚の表皮剥離実験（表皮をごく薄く少しずつ剥離して、その都度ＢＰ電流波形の記録を行い、井穴直下の皮下のどの部位で波形の変化が起こるかを調べます）をしたところ表皮（厚さ約1ミリメートルぐらい）と真皮の境界の表皮基底層、その下方の乳頭層と乳頭下層の境界や乳頭下層と網状層の境界であることが分かりました[8・9]（図4参照）。要するに膠原線維などの線維組織が密にあるところです。このうちでも分極の最も大きく生ずる層は表皮基底膜と考えられました[8]。

ＢＰ電流については、たとえば不関電極を前腕に置いたり下腿に置いたりすると、その大きさは大いに変化しますが、その変化は上肢に属する経絡の間や下肢に属する経絡の間では一様であり、各経絡間の変化の差については不関電極の位置に依存しません。つまり各経絡におけるＢＰ値の特徴は関電極近傍の皮下の電気抵抗で決まっています。

ＡＰ電流は外部から直流電圧をかけても、分極によって遮断されることのない直流電流成分で、分極後もバリア膜を通じてイオンの拡散が少量ながら続いていることを示しています。表皮内と真皮内を流れます[6]。

図3(A)： 皮膚の電気的模式図

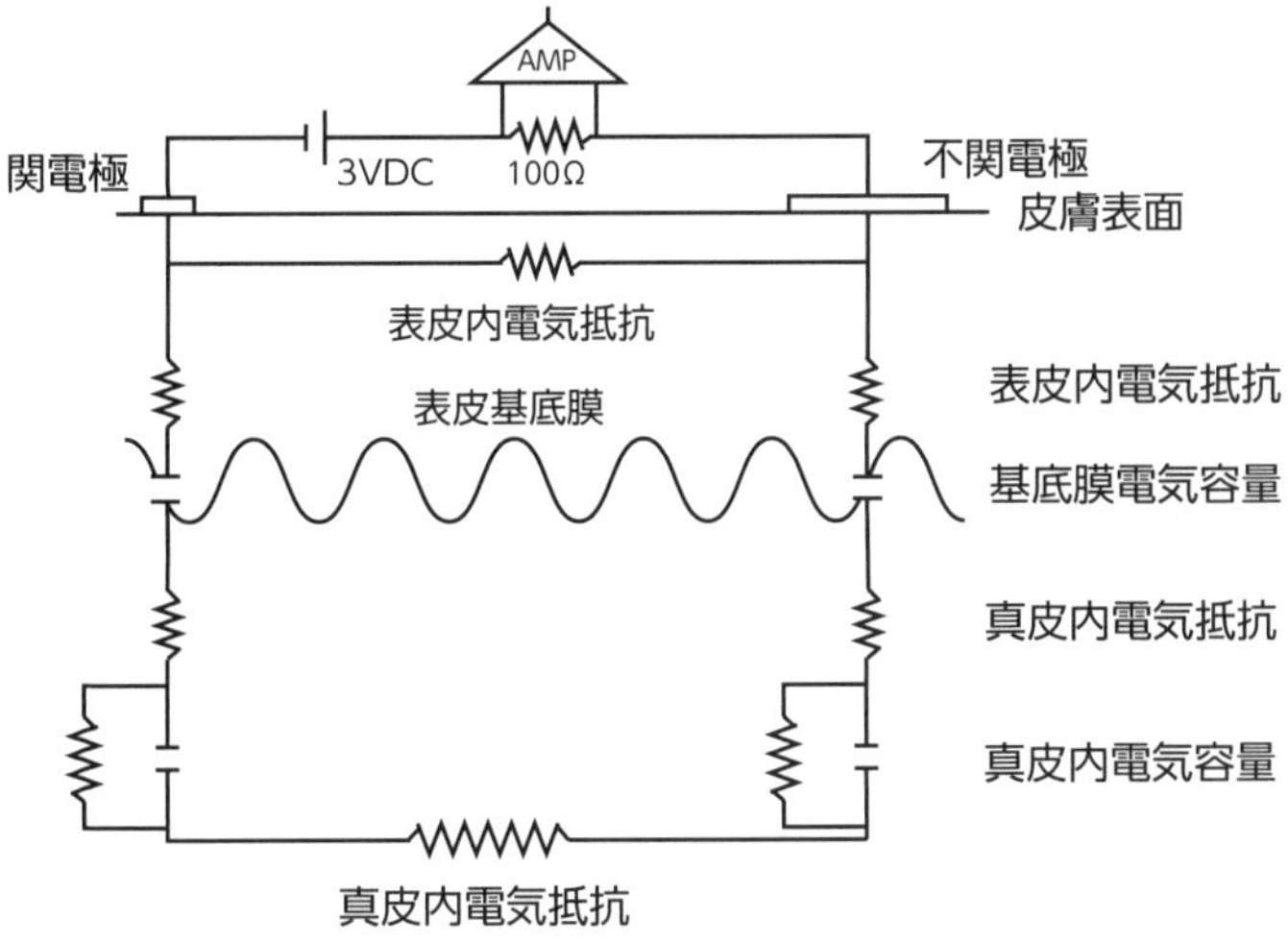

表皮の電気的模式図の1例

図3(B)：　BP、IQ、AP の定義

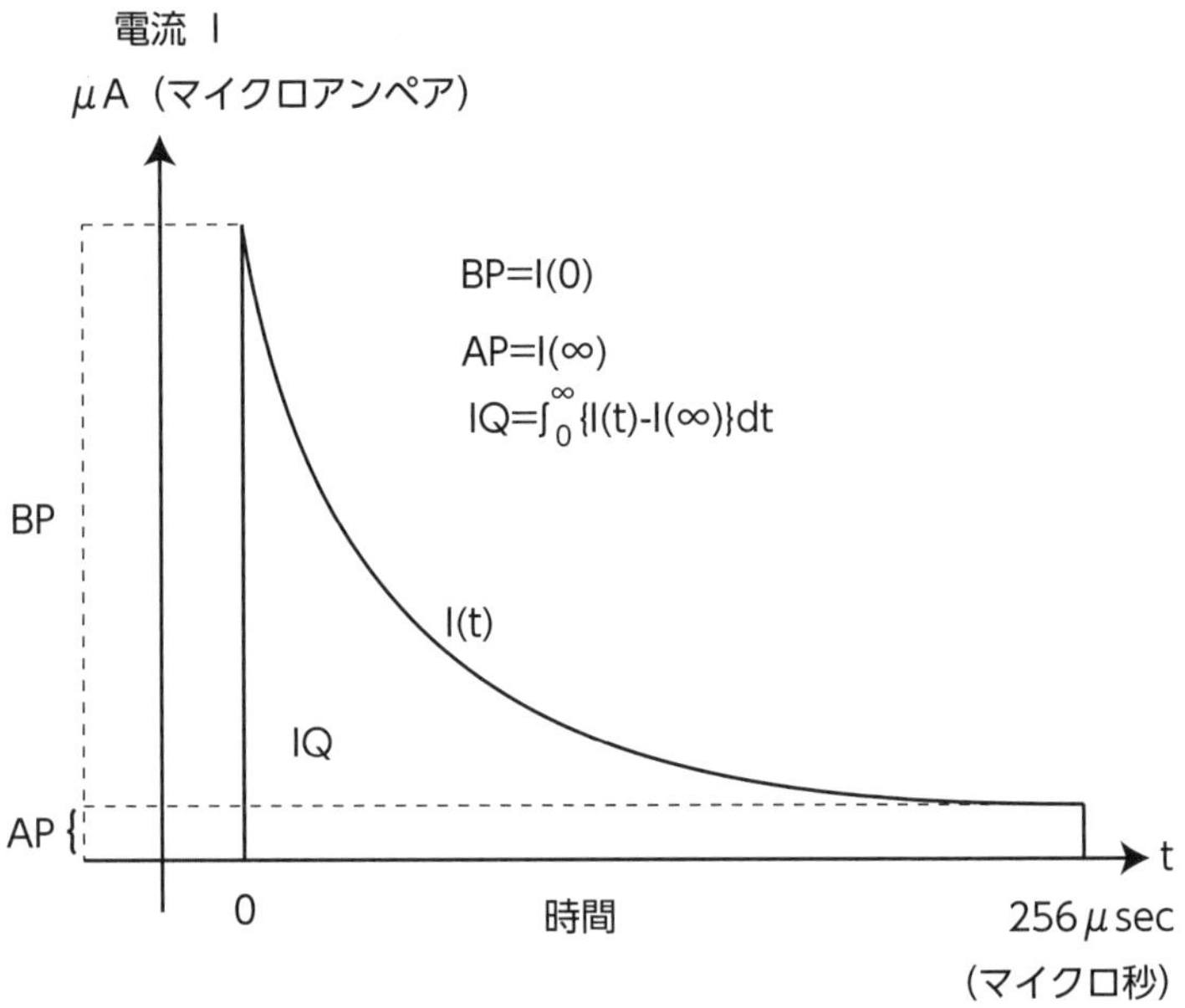

2つの電極（手首より10cmの前腕伸側に置いた不関電極と各井穴に置いた関電極）間に電圧を加えた場合に流れる電流の模式図および測定値BP、AP、IQの定義

図4:　表皮剥離実験におけるBP値の変化の模式図

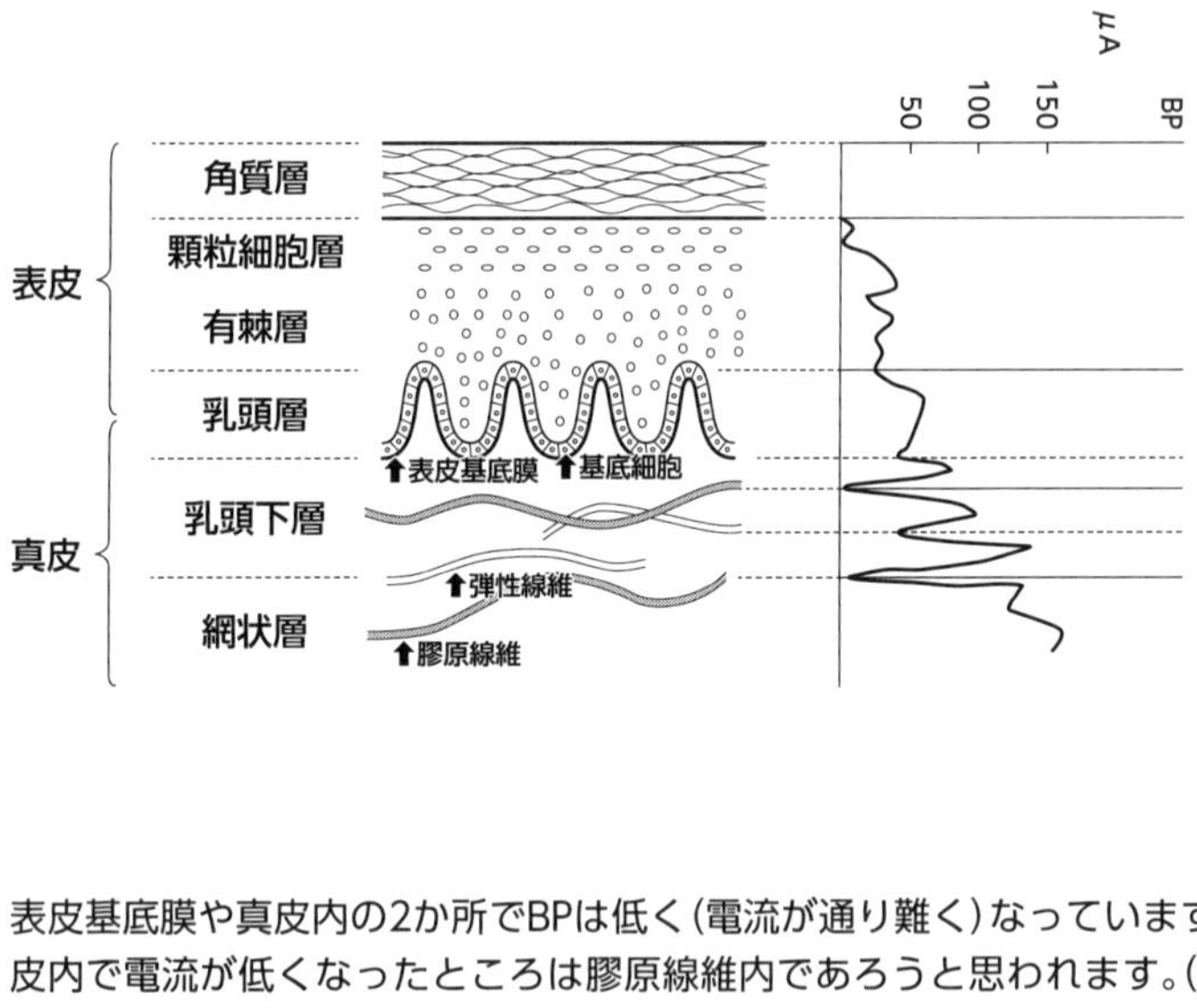

表皮基底膜や真皮内の2か所でBPは低く(電流が通り難く)なっています。真皮内で電流が低くなったところは膠原線維内であろうと思われます。(引用文献(7)より改変)

4　BPの生物学的意味

生体は約60％の水分を含んでいるために、基本的には電気の良導体です。でも微視的に見れば細胞膜、結合組織、脂肪などは絶縁体（誘電体）であり、細胞内液（体重の40％）、組織間液（同15％）、血漿（同5％）が良導体です。皮膚に2つの電極を置きその間に電圧をかけると電気の通りやすいところ、つまり電気抵抗の小さいところを電流は流れます。それは水分の多いところであり、従って細胞や線維組織のない、間質液のたくさんあるところということになります。皮膚組織でいえば表皮でも皮下組織（脂肪層）でもなく真皮ということになります。真皮のうちでも経絡が通っていると考えられている線維芽細胞や結合組織（コラーゲン線維）ではなく、組織間液の豊富なところです。[10]

金属の場合だと電圧がかかった時に流れる電流は自由電子の移動により生じますが、組織間液の場合に電流を作り出すのはそこに含まれているイオン（ナトリウムイオンNa^{+}、カリウムイオンK^{+}、カルシウムイオンCa^{2+}、マグネシウムイオンMg^{2+}、塩素イオンCl^{-}、炭酸イオンHCO_3^{-}、リン酸イオンHPO_4^{2-}、有機酸イオン、タンパク質イオンなど）の移動です。従って生体においては間質液中のイオンが多いほど電流は流れやすくなります（参考：純粋の水は電気を通し難いのです。イオンが溶けて通しやすくなるのです）。

優れた武道家や瞑想者、あるチャクラが目覚めた人においては全身（14経絡）のＢＰの平均値は高値を示します。[10] これはこれらの人において間質液中のイオン濃度が高値であることを示しています。ＡＭＩで測定する14経絡の全てにおいて著増するということは、全身的に間質液中のイオン濃度が高値であることを示しています。一方優れた武術家や瞑想家においては全身に気のエネルギーが充満していると考えられるのですが、そのことがＢＰ値に反映されると考えられます。瞑想を始めるとＢＰ値が上昇するという報告もあります。[11] これらの場合間質における イオン濃度の上昇が経絡とどの程度密接であるかは明らかでありません。経絡は間質液中というより間質の線維芽細胞や線維組織内に存在すると考えるのが妥当と思われるからです。しかし間質液中のイオン濃度の上昇に経絡が関係していることは予想されます。

実際に最近ベニアスらは共焦点レーザー内視鏡で生体を観察して、真皮、胆道・消化管・膀胱・気管支周囲の筋膜粘膜下、筋膜、動静脈の間質などにはコラーゲン線維による網状組織が発達していて、網状組織の間の管腔は水分で満たされていてリンパ管につながっていると考えられると発表しています。[12] 従って経絡網を形成していると考えられる膠原線維のネットワークに近接して間質液で満たされた管腔が存在している可能性はあると思います。そのような管腔内を印加電圧による電流（ＢＰ電流）が流れるならＢＰ値は経絡機能と関係があることになります。

5　ＩＱの生物学的意味

気管支鏡検査を受けると肺経の（井穴である少商で測定、図2参照）ＩＱ値が減少（検査終了数時間後に測定）します（図5）。検査に気管支肺胞洗浄という被検者にとって負担の大きい操作が含まれていると（通常この検査をする場合は他の操作、たとえば入念に観察して写真撮影するとか気管支や肺胞を気管支ブラシで擦過するとか生検するという操作はしません）肺経のＩＱ値はさらに大きく減少します。肺胞に与えるダメージが大きいほど肺経のＩＱ値はより減少するのです。[13] ＢＰ値は（気管支肺胞洗浄をしない場合には変化なく、気管支肺胞洗浄をする場合に肺経ＢＰ値が少し減少するのみです。図は示していません）。なお左右の経絡や検査側・非検査側による差はありませんでしたから、図には左右平均のＩＱ値を使用しています。

また（薬剤性やウイルス性の）急性肝炎においてその急性期には肝経の（井穴である大敦（だいとん）で測定、図2参照）ＩＱ値は減少しますが回復期には増大します。図6には抗結核剤による軽度の薬剤性肝障害発生例におけるＩＱ値の変化を、肝障害を起こさなかった結核治療例と比較して示し

図5：　気管支鏡検査前後での経絡(特に肺経)におけるIQの変化

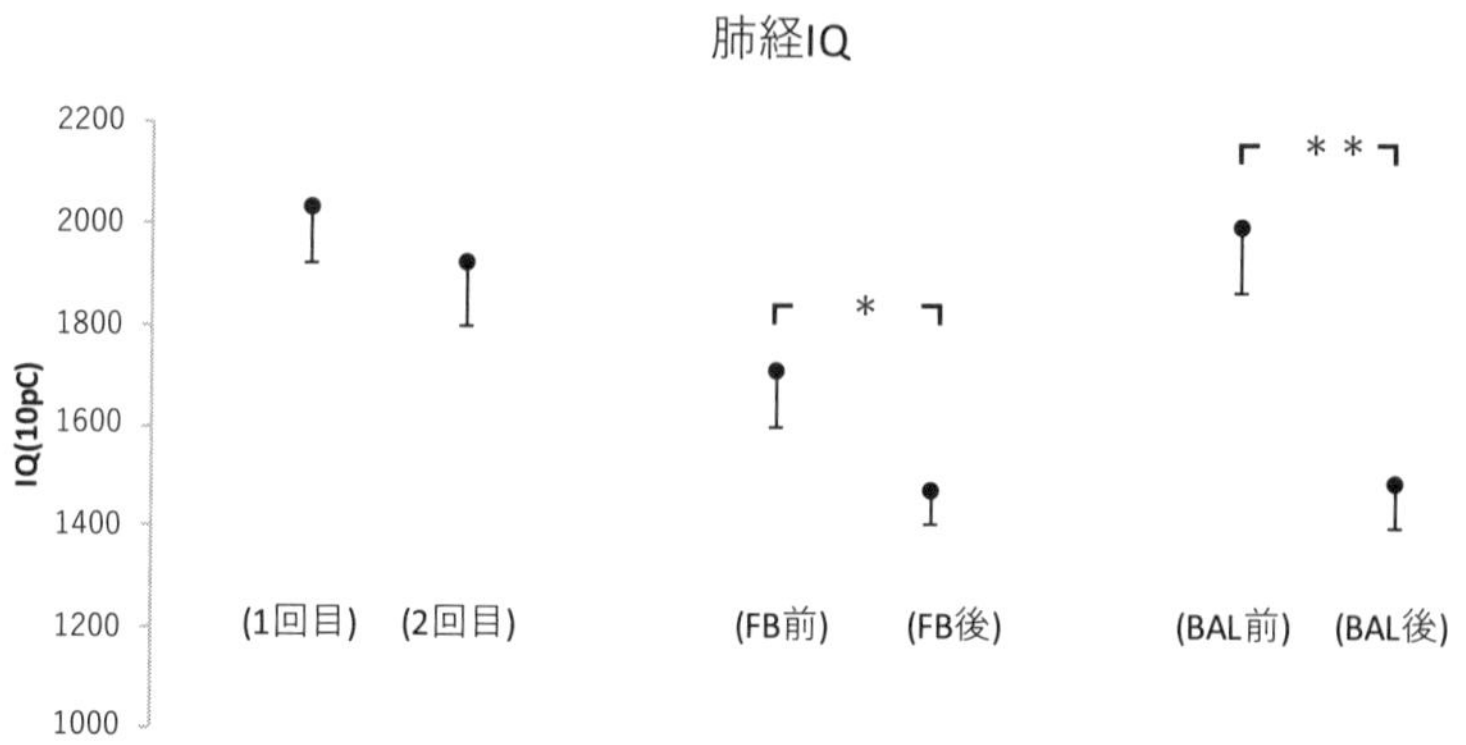

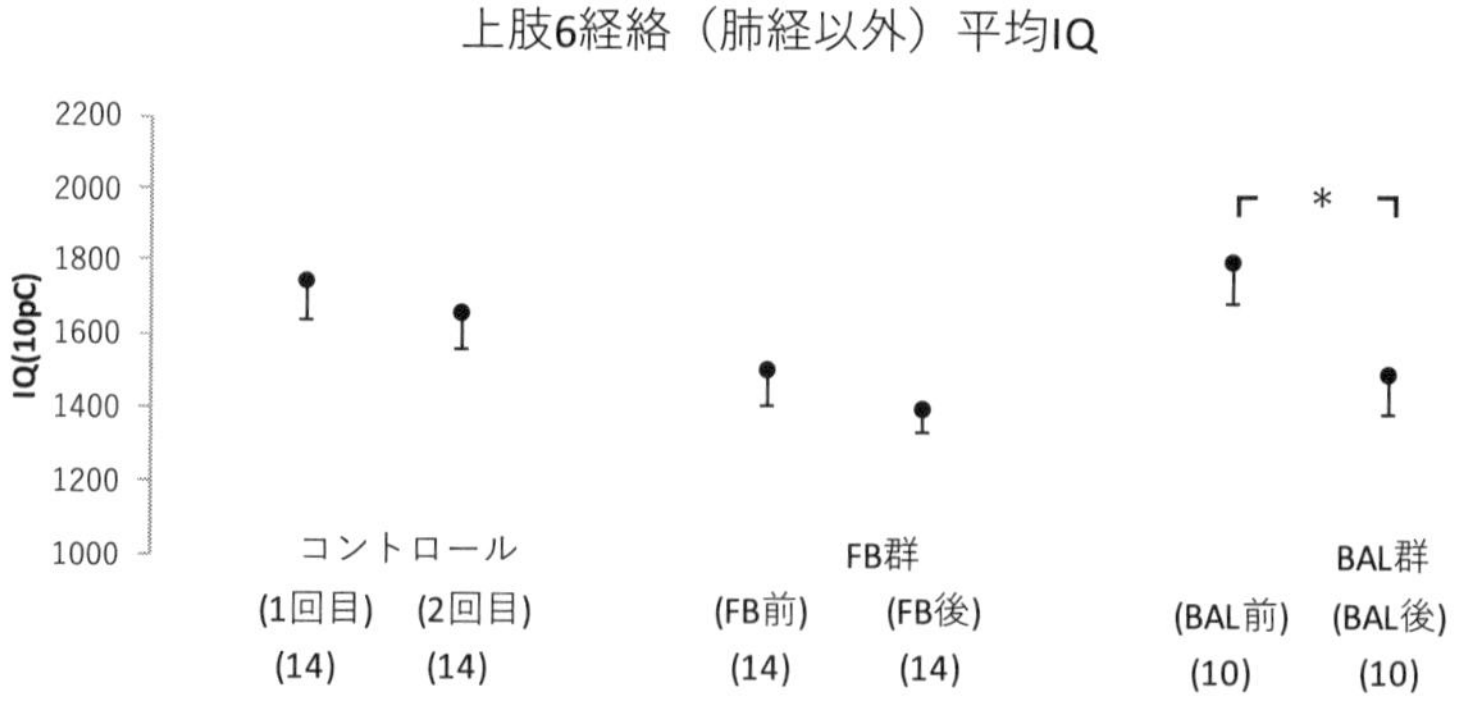

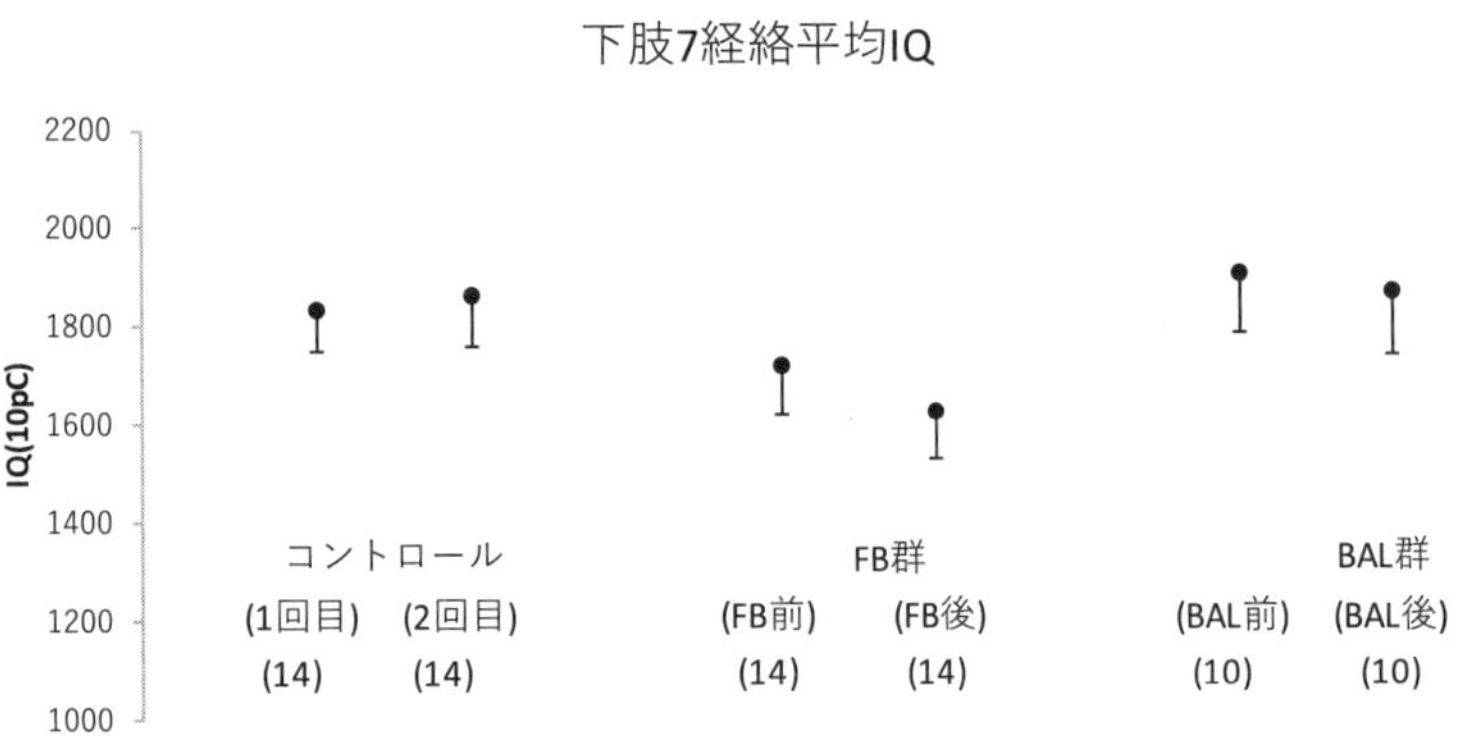

コントロール群では気管支鏡検査はしないで6時間間隔で2度(1回目、2回目)測定。FB群は一側肺に対し気管支擦過、気管支・肺胞の生検、気管支洗浄、写真撮影などを実施。BAL群は一側肺に対し気管支肺胞洗浄を行いました。前とは検査前、後とは検査後を示します。後は検査終了後約3~5時間後に測定。図には平均値と-1標準誤差を示しています。( )内の数字は例数。検査によって肺経IQが低下しています。BAL群においては肺経だけでなく、上肢に属する経絡全体にも影響が及んでいます。pC:ピコクーロン、＊p<0.05、＊＊p<0.01(引用文献(11)より改変)

図6:　抗結核剤による軽度肝障害発生時の肝経IQの減少

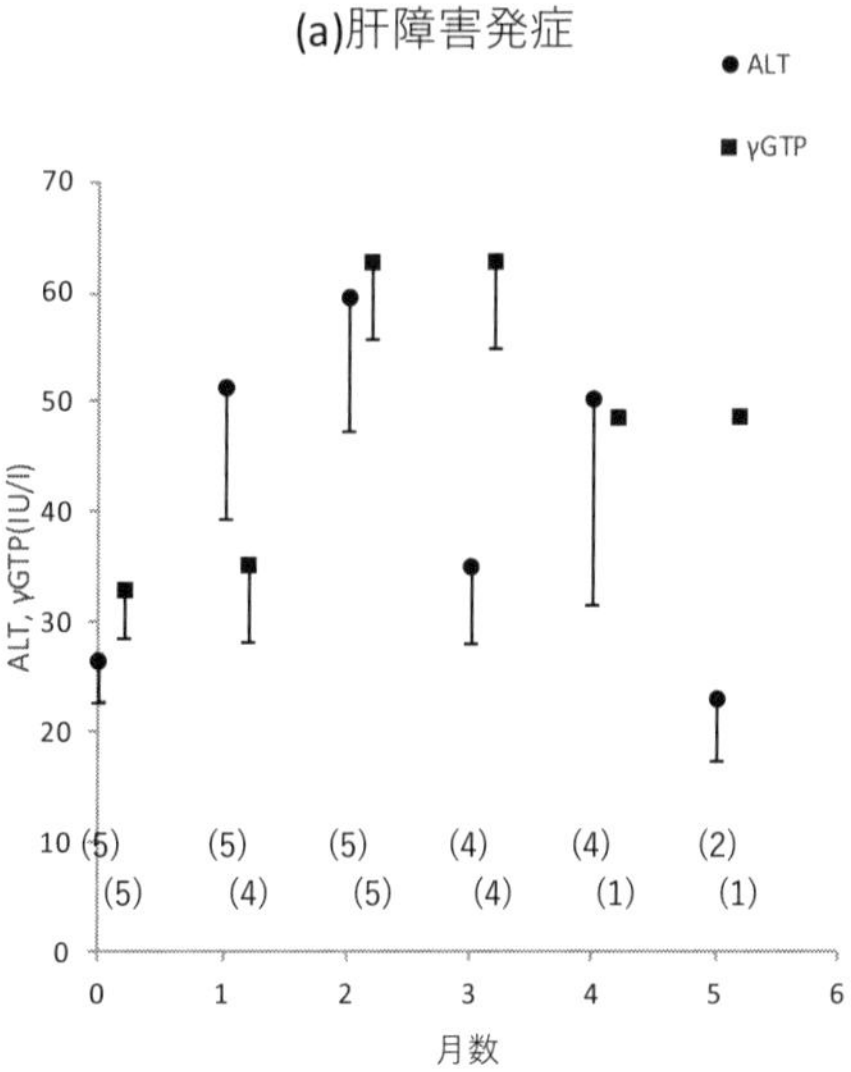

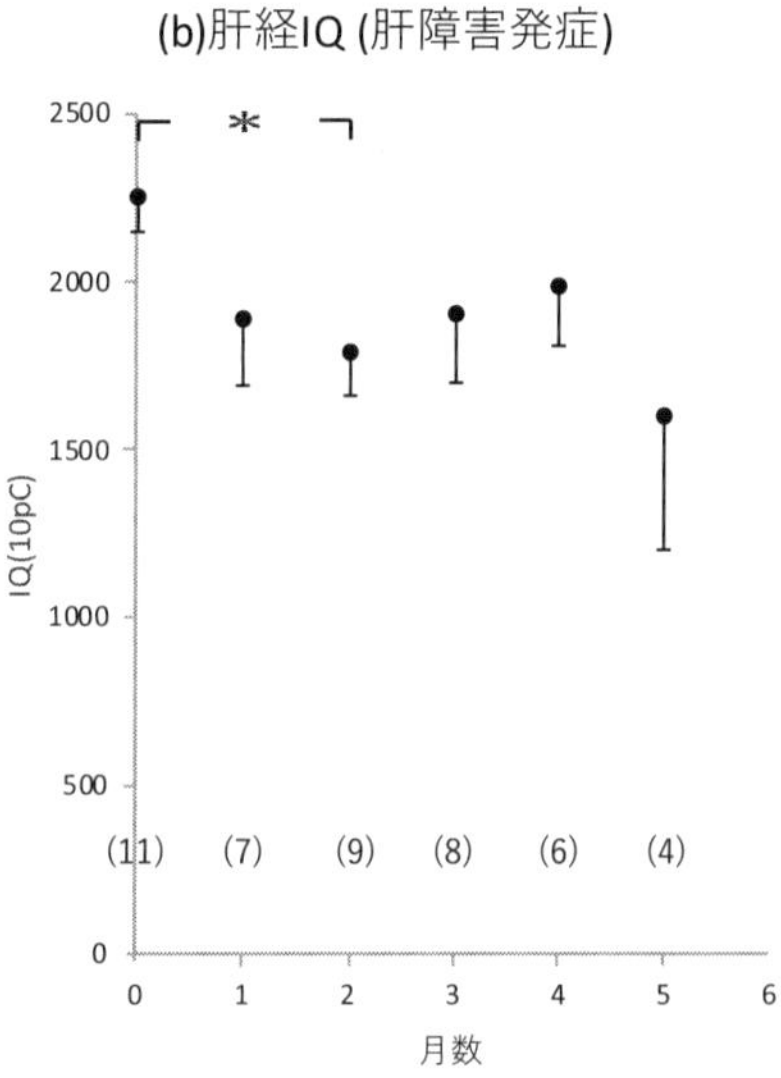

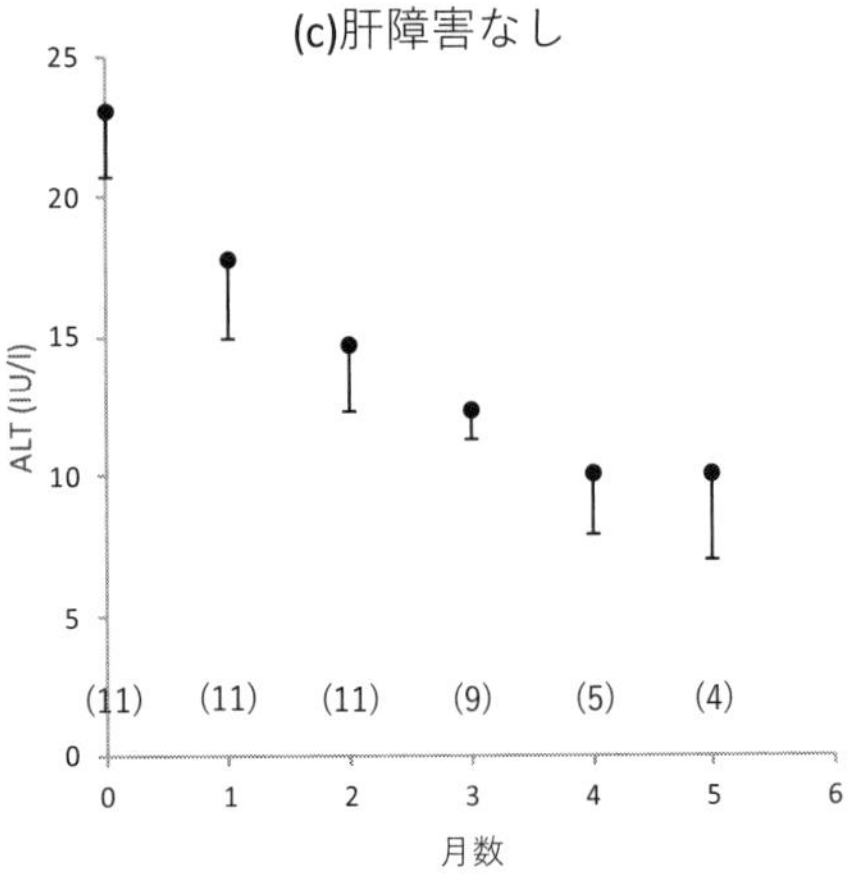

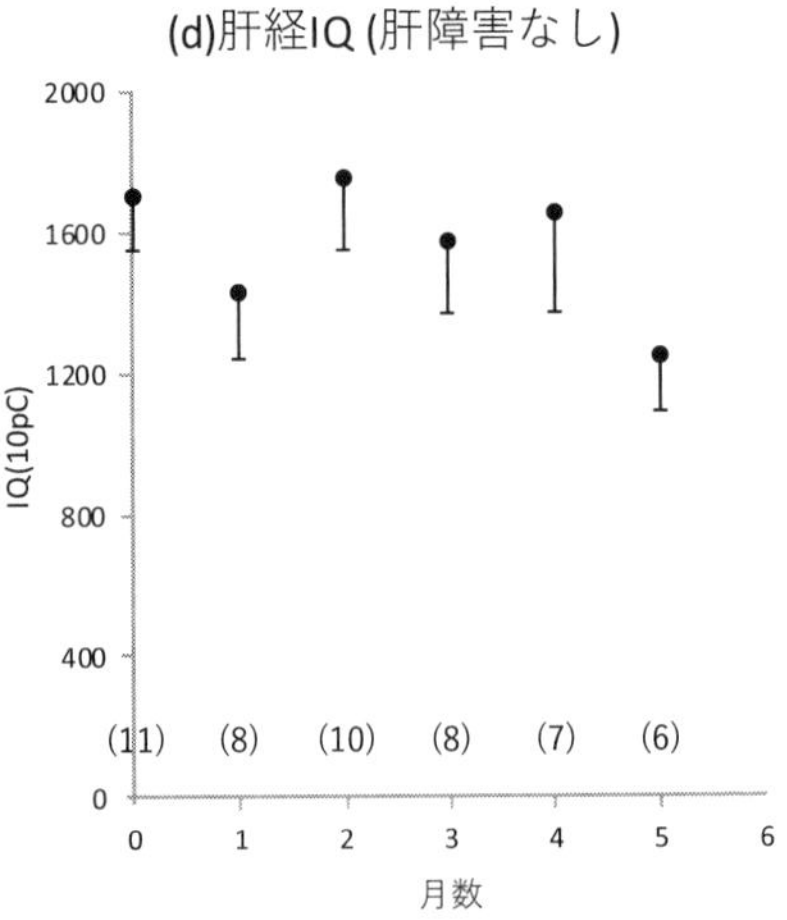

(a)肝障害発生時の肝酵素の上昇と(b)肝経IQの変化。(c)肝障害非発症の場合の肝酵素の動きと(d)肝経IQの変化。図には平均値と-1標準誤差を示しています。ALT、γGTP:肝酵素の名前、( )内の数字は例数。pC:ピコクーロン。
＊<0.05(引用文献(12)より改変)

ています。[14] 抗結核剤による軽度の肝障害発生と共に肝経のＩＱ値は減少しています。図６には示していませんがこの時肝経のＢＰ値も減少しました。

重症の急性ウイルス性肝炎の１例を図７に示します。壊された肝細胞が再生される時には肝経のＩＱ値は増大します。[15] この場合肝経のＢＰ値は変化を示しませんでした（図７の下肢７経絡の平均ＢＰ値参照）。従って気管支鏡検査や急性肝炎においては臓器（肺や肝臓）が障害されてそこでの細胞内の代謝が抑えられる状況では該当する臓器に関係する経絡のＩＱ値は低下し、回復期のように該当臓器の細胞内代謝が亢進する状況ではＩＱ値は増大すると言えます。どの臓器でも、どんな疾患でも、というわけではありません。臓器によっては、またある種の刺激や疾患によっては、その臓器に関係していると考えられる経絡に沿ってある種の信号が伝わり、その経絡末端の井穴に電気的な変化が起こる、ということです。またＩＱとＢＰで病態に対する反応が異なるということはこれら２つの変数がそれぞれ別の現象・意味を反映しているということです。

ＡＭＩ測定において、ＩＱ値で表される関電極直下の皮膚の電気容量を構成する部位は、電気が通り難い絶縁体（誘電体）があるところです。具体的には上述の（３「本山式経絡‐臓器機能測定器の原理」の項参照）線維性の成分の多い表皮基底膜、乳頭層と乳頭下層の境界や乳頭下層と網状層の境界です（図４参照）。電圧を加えるとこれらの層の上下にそれぞれ＋と－の電

図7: 急性ウイルス性肝炎症例におけるIQの経時的変化と表皮剥離

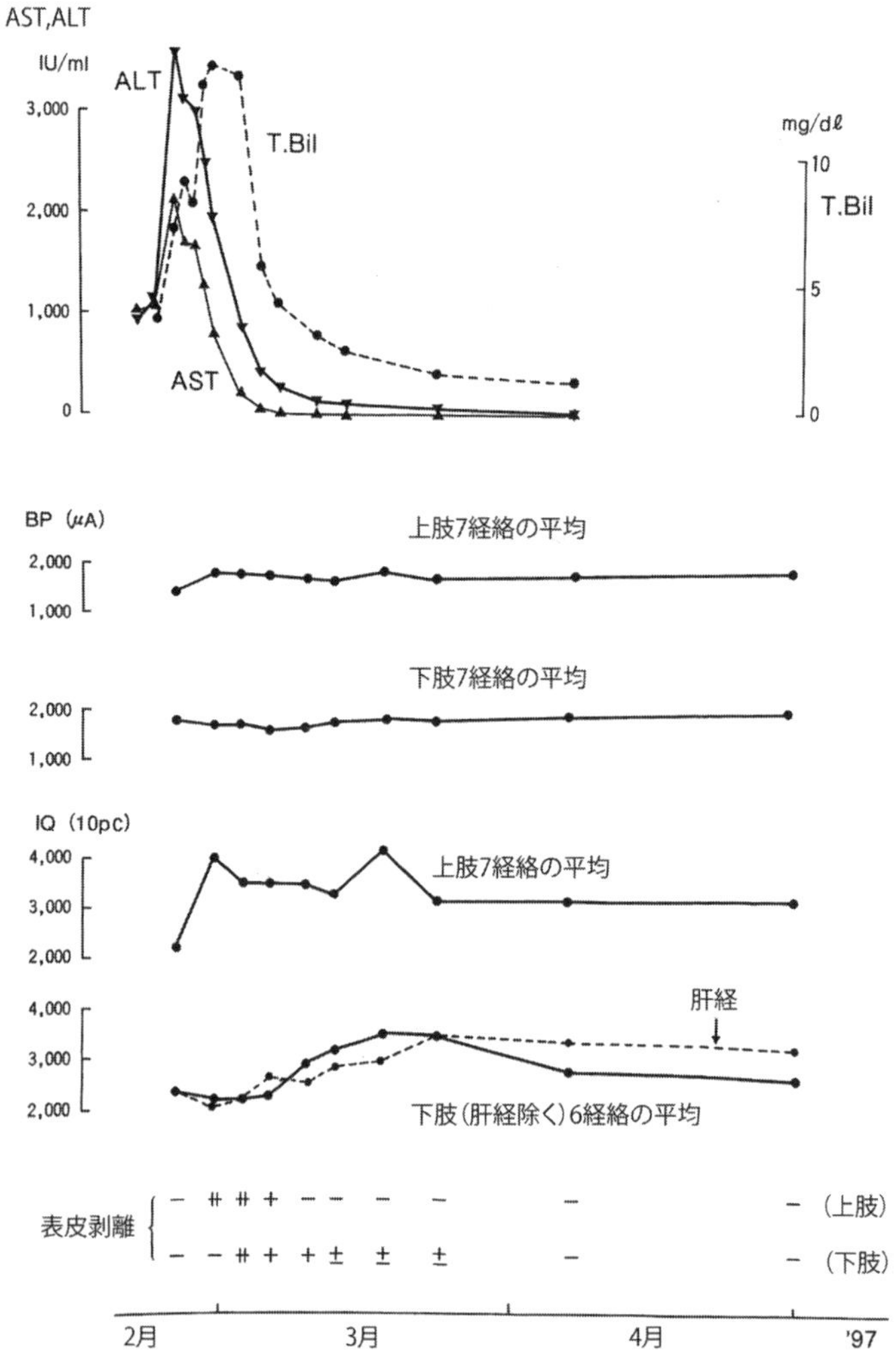

AST、ALT:肝酵素の名前、T.Bil:総ビリルビン、μA:マイクロアンペア、pC:ピコクーロン(引用文献(13)より改変)

気が貯まります（つまり分極します）。

コンデンサーの容量CはＩＱとの間に、

$C = IQ/V$（Vは印加した電圧でＡＭＩ測定においては３Ｖ（ボルト）で一定、ここではＩＱはコンデンサーに貯まりうる電気量）

という関係があり、従ってCはＩＱと比例します。ですからＩＱはコンデンサーの容量を表していると考えてもよいのです。

いろいろなコンデンサーC_1、C_2、C_3……があったとしても今の場合コンデンサーは直列に配置されていると考えられるので全体のコンデンサー容量Cは、

$1/C = 1/C_1 + 1/C_2 + 1/C_3$……となるだけです。

またコンデンサーの容量Cは、

$C = \varepsilon \cdot S/d$　（ε：コンデンサーの両板に挟まれた部分の物質（誘電体）の誘電率でイプシロンと読みます。　Ｓ：コンデンサーの表面積、ｄ：コンデンサーの２つの板の間隔）

で決まります。今の場合Ｓは関電極の面積であり、ｄは線維組織層の厚さ、εは線維組織層内の誘電率、となります。Ｓとｄは変化しないとみなせますからCが変化するということはεが変化するということを示しています。電板の間の誘電体はイオン化しているほど誘電率が高くなります。従って誘電率が高くなるということは線維組織層内にイオンがより多く含まれると

いうことを示しています。

従って今の場合、どういう機序によってかは不明ですが、肝炎急性期には肝経の井穴（大敦）直下の皮下結合組織内（表皮基底層など）でプラスとマイナスのイオンが減り、回復期にはそれらが増えている、ということになります。

九死に一生を得るような大病をした場合、「大病をしてひと皮むける」という言い方をすることがあります。これは大病をしたから人生への見方が一回り大きくなって成長した、という意味で使われるのでしょうが、実際に大病から回復する時に全身の皮膚ないし四肢の皮膚がひと皮むけることはあるのです。皮膚は基底細胞の新陳代謝によって表皮の入れ換えを行っていますから、皮膚がむけるということは、基底細胞での新陳代謝が亢進したことを示します。図7にお示しした重症急性肝炎患者においてＩＱ値が上昇に転じる頃に表皮剥離が始まりました（図7の一番下の表皮剥離を参照）。急性肝炎においては肝経に主な変化は起こるとしても重症の場合には他の経絡にも変化が及びます（図7、下肢経絡におけるＩＱ値参照）ので、四肢全体の表皮剥離につながるのだと思います。

皮膚基底細胞へ何らかの信号が伝わったから表皮剥離は起こり始めたと思われます。その信号は皮下の結合組織から来たと考えるのが自然です。

一方肝臓で肝再生が盛んに行われる時（肝炎回復期）には肝細胞内には新陳代謝の亢進で物

質がたくさんできて、その過程でイオンもたくさんできると考えられます。何らかの機序で細胞内から細胞外へプラスとマイナスの同量のイオンが溢れ出るのではないかと推察します。

肝炎回復期には肝細胞から細胞外線維組織へプラスとマイナスのイオンが放出されたという情報が何らかの方法で経絡末端に運ばれて、そこでもプラスとマイナスのイオンが増えるのではないでしょうか。その際大量のイオンが放出されると肝経だけでなく他の下肢経絡に沿ってもイオンが伝達されるのではないかと思います。この情報を伝えるものが気エネルギーであるわけです。もし肝細胞を出たプラスとマイナスのイオンがそのまま結合組織に沿って伝わっていくなら、プラスとマイナスのイオンの流れがそのまま気エネルギーということになります。その場合それらが或る程度の距離を保ってペアになって（つまり電気双極子（少し離れた＋と－の電荷のペアのこと）のようになって）運ばれるのではないかと思います。皮下組織の間質には前述のようにナトリウムイオン Na^+、カリウムイオン K^+、カルシウムイオン Ca^{2+}、塩素イオン Cl^-、炭酸イオン HCO_3^-、などのイオンがあります。これらのイオンのいずれかがが経絡に沿って（経絡を構成する膠原線維などの内部かその周辺）皮膚基底膜まで流れ、基底細胞に代謝についての情報を与える可能性はあります。或いは何らかの力学的力のエネルギーに変換されて伝わっていくなら、その力学的力が気エネルギーということになります。

逆に臓器が障害される状況（たとえば気管支鏡検査のあと）ではその臓器での代謝は障害され

るわけですから、臓器内でイオンが減少すると思われます。そしてその臓器に関係する経絡の井穴でＩＱが低下するということ（これはその井穴下の基底膜内のイオンが減少することを示しています）は、臓器内でイオン濃度が減少したという情報が経絡に沿って四肢末端に伝わった可能性を示していると思われます。

上記４と５をまとめますと、ＢＰは真皮中の間質液（＝良導体）イオンの多寡の情報を、ＩＱは真皮中の線維成分・（線維芽細胞などの）細胞成分（＝誘電体）におけるイオンの多寡の情報を運んでいるのではないかと思います。

6　気の感覚

私は中学生のころまで虚弱でした。心配した母親が私をＳさんという年配の女性治療師のところへ行かせました。そのおばさんは四国の霊峰石鎚山の修行者でした。冬でも毎朝汲み置きの冷水をかぶられる方で、心が正しく、霊能のある人でした。ご自分の手を相手の胸に当てて「右の肺の上の方にこれこれの大きさの空洞がある」と言っていました。実際にその人には当該の個所に結核性空洞があったそうです。

当時私は文字の書き過ぎで右肘がとても痛くなっていました。力を入れることもできなくて、右手をかばうために左手で文字を書いたりしていました。でも家族に心配をかけたくなかったので誰にも言いませんでした。今も私は右肘が弱くて文字を書き過ぎるとすぐ痛くなります。ですから筆圧は弱いし、テニスは苦手なのです。

Sさんはご自分の治療方法を精気治療と呼んでおられて、主に手を当てて治療されるのですが、何も訴えない私の右の肘を包むようにしてもって、「あんた、右の肘が痛いだろう、肘から先を取って捨てたいと思うぐらいに痛いだろう」と言いました。私は実際にそのように思っていたので、身体だけでなく心も見透かされたと思いました。

そのSさんは私の身体に手を当てながらよく言いました。「ああ、腕がジンジンする。精気が流れていく。このジンジンする感じがあんたに分かるか?」と。でも私は何も感じなかったのです。私が「感じない」と言うと、「これを感じないのか……」とSさんは嘆息しました。

後年私は呼吸器内科を勉強しました。呼吸器科には気管支鏡検査という内視鏡検査の一種があります。カメラに内蔵されている細くて柔軟性のあるファイバーを気管支の中に挿入して観察や生検をするのです。或る時私は検査の補助をしていて、患者さんの右手を自分の右手で握って自分の左手で患者さんの脈をとっていました。その時自分の身体から腕を通ってジンジンと何かが患者さんの腕の中に入っていくのを感じました。その時これが気の流れと言われるものだと実感したのです。Ｓさんのことを想い出し、Ｓさんはこのことを言っていたのか、と思ったのです。

このように気は感覚的にはジンジンしたりチリチリしたりする感じなのです。気が流れる場合にはその流れの方向も分かります。ヘタに瞑想すると下に下げるべき気が上に上がって頭皮がチリチリします。普段私たちは気や気の流れを自覚することはありません。気の流れが多い時とか気が貯まり過ぎた時に感じます。そういう時には経絡に沿ってというのではなく、腕全体に感じたり頭全体に感じたりするのです。

電気を使用する針麻酔の場合には気の感覚として鈍い痛み、重い感じ、チクチクする感じなどが報告されているようですが、もっとも普通なのはやはりチリチリする感じだそうです。[16]

7　気とは何か（仮説）

気の充実が真皮間質液中でのイオン濃度の上昇と関係しているということや、ある障害された臓器の回復時にはその臓器に関係する経絡の属する真皮において誘電体内のイオン濃度の上昇が示唆される場合があるということから、気というものがイオン濃度と関係していることは明らかです。それ以上のことを確実に述べることはできませんが、私の予想では、

「気は間質およびその周りの組織液における陽イオンと陰イオンの集まり」

であり、

「気の流れとは陽イオンと陰イオンがペアとなって少し離れて（つまり電気双極子として）一緒に流れていくこと」

ではないかと思います。

気は真皮の間質におけるプラスとマイナスのイオンの集まりで、気の流れは正負のイオンがペアになって流れることだとしますと、ジンジンする感じは増加したイオン濃度が侵害受容器（痛覚）を軽度に刺激し、その刺激は無髄神経のC線維（伝導速度0・5～2メートル／秒）によって伝導されるのではないかと思います。

間質におけるイオン濃度の上昇は求心性の感覚神経伝導に対してはどのように作用するのでしょうか。経穴（ツボ）にごく細い金属針を刺入したり、また掻きまわしたりするとその局所はイオン化が進む可能性があります。経絡に沿ってイオンが増えると感覚神経の神経伝導を抑制し、それによって麻酔作用が出て来るのではないでしょうか。別の考えとしてランゲビン（イタリアの針麻酔研究者）たちは金属針を掻きまわすことによって機械的刺激が発生することが

針効果に重要ではないかと言っています。[6]

肩こりや疼痛の中には筋肉の持続的な収縮や硬直が原因である場合があります。筋肉の痛みは筋膜（筋肉を包む膜）に発生しやすく、そのためトリガーポイントと呼ばれる痛みの部位は筋膜上にあることが多いのです。エコーガイド下にその部位を目標に生食などの電解質を注入（1ミリリットル程度）する方法をハイドロリリースと言います。この方法で一定の除痛効果を上げることができるのですが、その作用機序として、筋膜の癒着が離されて筋や腱が動きやすくなる、ということが考えられています。それだけでなく筋膜および筋膜間や真皮層内の間質に電解質が増えることによって末梢神経の感覚を中枢に伝える（求心性）神経が遮断されるという可能性もあると私は思います。

上手な人の針治療を受けると意識がボワーンとしてきます。それを気持ち良いと感じるかどうかは人によります。笑気（NO）麻酔を受けた時に似ています。笑気を吸っているとある時から急に感覚がボワーンとしてきて、椅子の上に坐っていても雲の上でフワフワしているような感覚になります。そのように針治療時も意識がボワーンとしてくるのです。針麻酔はおそらくそれを強めたものだと思います。

針麻酔の神経学的メカニズムはまだ分かっていません。しかし瞑想時には瞑想によって気エネルギーが増加し、気エネルギーが身体感覚を遠ざけ、それに伴って意識変容状態になりやすくなり、肉体以外の次元に集中しやすくなることから推測すると、皮下間質組織内のイオンの増加によって感覚神経が部分的に麻痺すると共に意識がボワーンとするのではないかと思います。

8　チャクラについて

タントラヨーガ（密教的ヨーガ）では人間は神に至るまでに、3つの次元の異なる身体と心をもっていて、その1つひとつの段階を上って、次第により高い次元の存在に目覚め、ついに、それら3つの形ある心身から解脱して、神の国に至ることが説かれています。この3つの心身をそれぞれ（1）物理的次元の身体とその心、（2）微細身（アストラル）の次元の心身とその心、（3）原因身（カラーナ）の次元の心身とその心、[17]と言うのは既に（I章4）お話しした通りです。

これら3つの心身は、それぞれ存在の次元が異なるプラーナ（生命力）によって働き、存在することができるとされています。この3つの心身の内に働くプラーナは、それが流れ、働くためのチャンネルと、それらの流れや働きを統括する中心をもつと言われます。

肉体でいえば、神経系、血管系、リンパ管系、経絡などがチャンネルで、神経叢、脳、経穴

図8

(a)

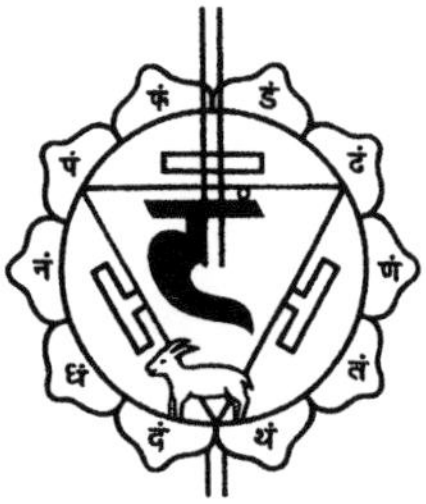

(b)

マニプラチャクラのシンボルの例。マニプラチャクラでは10個の花弁ないし車軸がみえるといわれます

などが中枢（中心）です。アストラルの心身にも、カラーナの心身にも、存在の次元を異にするとはいえ、プラーナの流れるチャンネルと、それらの中枢があります。チャンネルがナディ、中枢がチャクラです。そして、3つの各次元の身体でのチャンネル、中枢の間には、密接な関係があります。

チャクラは、このような各次元の身体の中心として働くほかに、肉体とアストラル次元の心身、アストラル次元の心身とカラーナ次元の心身というように、2つの異なる次元の存在の間を媒介する働きをしていると言われています。たとえば、アストラル次元のプラーナを物理的次元の身体のエネルギーに転換して、肉体に生命力を与えることができるということです。[18] 物理的次元の肉体が主になって働いている通常の人間では、アストラルやカラーナの次元の身体に属するチャクラは充分に活性化されていません。ヨーガの瞑想などによって、アストラルやカラーナの次元で活性化され、働き始めることを、チャクラが目覚めると言います。[19] チャクラが目覚めると、チャクラが極めて美しい色や形をしていて、動きながら輝いているのを霊視されるようになるそうです。定まった姿、形をもっているわけではないかも知れませんが、その一般的な形状はだいたい蓮の花（図8-a）や車輪（図8-b）に近いものであるとのことです。[20] 蓮華の花弁が観える、光輪が観える、という表現もあります。

このプラーナを吸収するチャクラは、もともとアストラルの身体に属するものと思われます。何故なら物理的次元にはこのようなものは存在しないからです。このアストラルの身体は、肉体の死後も存続し、前世のいくつもの生の体験を、種子（しゅうじ）の形で貯えながら働いているものです。

チャクラのうち古来代表的なものは7つあるとされており、この7つのチャクラは脊柱に沿って存在し、下からムラダーラチャクラ（尾骶骨部）、スワディスタナチャクラ（仙骨部）、マニプラチャクラ（ヘソの後方）、アナハタチャクラ（心臓に対応）、ヴィシュダチャクラ（喉の高さ）、アジナチャクラ（眉間の高さ）、サハスララチャクラ（頭頂部）と呼ばれます。これらの各チャクラは物理的身体では特定の神経叢、特に自律神経叢や内臓器と密接な関係にあると言われます。それらをまとめると以下の通りです。[21] また経絡とも関係していると考えられますので、経穴との対応は（　）で示します。

1　ムラダーラチャクラ――仙骨尾骶骨神経叢――（会陰）

2　スワディスタナチャクラ――仙骨神経叢――泌尿生殖器系――（気海、関元）
3　マニプラチャクラ――太陽神経叢――消化器系――（下脘、中脘）
4　アナハタチャクラ――交感神経幹の心臓神経節――心臓循環器系――（膻中）
5　ヴィシュダチャクラ――上中下頚神経節――呼吸器系
6　アジナチャクラ――間脳（視床・視床下部・脳下垂体）
7　サハスララチャクラ――大脳皮質、全身臓器――（百会）

上記のチャクラのうちアジナチャクラと物理的身体との対応は特に重要と思われますので少し詳しく解説しておきます。アジナチャクラは命令のチャクラと言われ、アジナチャクラより下位のチャクラに対して支配的統制作用をなします。[22] 一方アジナチャクラは頭頂のサハスララチャクラに下位からの情報を伝え、またサハスララチャクラからの命令を末梢へ伝達する中継所の役割を担います。[22]

上述のように各次元における生命エネルギーが流れる経路をナディと呼びますが、物理的身体におけるそれは脳神経系、自律神経系、ホルモン系、経絡系です。脳神経系の中枢は大脳皮質に、自律神経（交感神経と副交感神経）系の中枢は視床下部に、ホルモン系の中枢は視床下部・脳下垂体にあります。

中枢神経系は下から上に向かって脊髄・延髄・橋（小脳はこのレベルです）・中脳・間脳（視

床と視床下部・脳下垂体）・終脳（大脳皮質）と並んでいます。間脳のうち視床は脳と脊髄を中継していますし、視床下部に自律神経系とホルモン系の中枢があります。

これらを考慮してヨーガの教説によるアジナチャクラの性質・役割と中枢神経系の構造と各部位の役割を比較しますと、アジナチャクラは主に間脳、つまり視床および視床下部・脳下垂体に対応すると思われるのです。

アジナチャクラより上でサハスララチャクラとの間には7つのチャクラとは別のマナスチャクラとソマチャクラがあると言われます。[22] 両者ともにアジナチャクラとサハスララチャクラの間にありますので大脳皮質領域に対応すると思われるのですが、前者は末梢からの感覚の流れをサハスララに伝え、[22] 後者は身体の動きに関係します。物理的身体においてはそれぞれ視覚連合野（側頭葉）・聴覚連合野（側頭葉）・体性感覚連合野（頭頂葉）と運動連合野（運動前野とも言います、前頭葉）に対応すると思われます。

ヨガの教説によりますと[22]ナディには14経路がありますが、そのうち主要なものはスシュムナ、イダ、ピンガラの3ナディであり、最も重要なのがスシュムナです。スシュムナは最も根源的ナディであり、他はすべてこれに従属します。スシュムナは西洋医学との対応においては脊髄中心管の内にあり、脊髄中心管が第4脳室に入るように、その脳室に入り、さらに第3脳室を経て側脳室に続き、ここで終わります。スシュムナの外側左右を走るイダ、ピンガラは、左右

図9:　7つのチャクラとイダ、ピンガラ

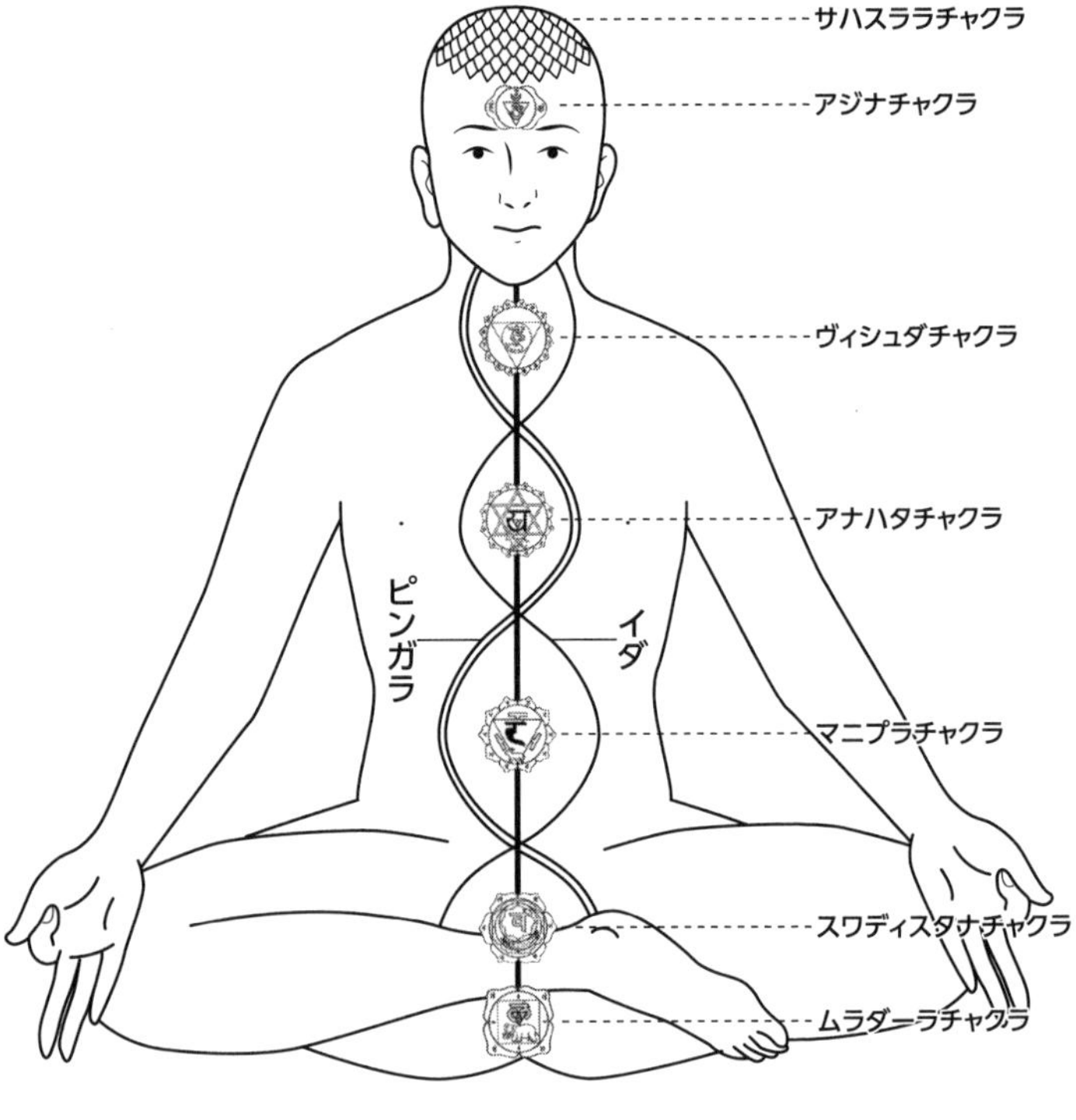

の交感神経節状索[22]ないし／および経絡の膀胱経第2行[23]に対応すると言われます。

各チャクラはそれぞれシンボルをもっていていろいろな意味が込められているそうですが、私がここで注目したいのは、そのシンボルの中の蓮華の花弁ないし車輪の車軸です。その花弁（ないし車軸）の数はヨーガの経典によって多少の違いはあるのですが、だいたいの経典において下のムラダーラチャクラは4枚、スワディスタナチャクラは6枚、マニプラチャクラは10枚、アナハタチャクラは12枚、ヴィシュダチャクラは16枚、アジナチャクラは2枚、サハスララチャクラは1000枚としています。[20・22]

つまりチャクラの属するアストラルの世界では、角度を等分するとか、1、2、3、……と数を数えるということができるということです。そうするとアストラルの世界でもアストラルの世界に通用する数学、ひいては物理学が存在し得ることになります。アストラルの世界には形やエネルギーを構成する基本要素（これを私は仮に陰と陽と名付けました）がある、ということと通じ合うことになります。

頭蓋外のムラダーラチャクラ（花弁4葉）からヴィシュダチャクラ（花弁16葉）まで高位のチャクラほど花弁の数が多くなり、また頭蓋内のアジナチャクラ（花弁2葉）とサハスララチャクラ（花弁1000葉）の間にマナスチャクラ（花弁6葉）とソマチャクラ（花弁16葉）[24]を加えますと、頭蓋内においてもアジナチャクラから頭蓋内のサハスララチャクラまで高位のチャクラほど花弁の数が多くなるという規則性があるということになります。この花弁の数を数列とみなせば、ムラダーラチャクラからヴィシュダチャクラまでと、アジナチャクラからサハスラチャクラまでがそれぞれに単純増加数列であり、共に項差が2と4を交互に繰り返している数列の上に乗っているとも言えます。その意味は分からなくてもこのこともアストラル界において数学が成り立ち得ることを示唆していると思います。

9 物理的身体とアストラル体の関係

i チャクラと自律神経の関係

優れた霊能者（本山博先生）が被調査者を①主としてアナハタチャクラおよびヴィシュダチャクラ、スワディスタナチャクラが活動している、顕著な霊能者（14名）、②アナハタチャクラおよびヴィシュダチャクラ、スワディスタナチャクラが活動している、いまだ顕著ではない霊能者（11名）、③未有霊能者（35名）の3クラスに分けて自律神経障害の頻度を問診表によって調べました[25]（アストラル界についての研究においてアストラル界のことが分かる霊能者の判断が研究に関与することは今のところやむを得ないことです）。その結果神経系の症状（眩暈、耳鳴、胸痛、頭痛持ち、痙攣、チック、夢中遊行）、循環器系の症状（動悸、四肢冷感、発汗、鳥肌、赤面、肩こり）、消化器系の症状（胃弱、嘔気、嘔吐、胃部膨満感、食欲不振、ゲップ、胃腸痛、下痢、便秘、偏食、異食）などの自律神経機能の失調によると思われる症状は①群、②群の方が③群よりもずっと多く認めました。つまりチャクラが目覚めている者では、常人に比して、自律神経機能が異常興奮しています。また既往歴を調べると神経系の病気のうち自律神経機能異常と関係があると思われる疾患（神経衰弱、神経痛、痙攣、頭痛、肋間神経痛）の頻度も①群、②群の方が③群よりもずっと多かったのです。

これらの事実はチャクラ（アストラル体に属します）が自律神経（物理的身体に属します）と何らかの関係をもっていることを示唆しています。

ii　アストラル次元のエネルギーと気エネルギーの関係

優れた霊能者（本山博先生）が11人の人を霊的に観て、以下の3グループに分けました：チャクラが開いていると思われる人たちのグループ（A群、N＝3）、チャクラが開きかけていると思われる人たちのグループ（B群、N＝4）、チャクラが開いていないと思われる人たちのグループ（C群、N＝4）。そしてご自分の眉間から11人の受け手の或るチャクラ（A群ではその目覚めているチャクラ、B群では目覚めかけているチャクラ、C群では目覚めていないが物理的次元でより活動的なチャクラ）に霊的エネルギーを5分間送り、送る前と送っている時の気のエネルギー量の変化（AMI測定のBP値で測定）の有無を統計的に調べました。するとチャクラの開いている人たちの群のみでそのチャクラに関係する経絡を中心に気エネルギーの増加（BP値の上昇で判定）が認められました。このことは優れた霊能者は他のチャクラの開いている人のチャクラに霊的エネルギーを送ることができるということ、チャクラの開いている人はそのチャクラを通して霊能者の霊的エネルギーを受け取ることができるということ、受け取った霊的エネルギーは気のエネルギーとして物理的に測定できるエネルギーに変換されるということ、そのことをAMI装置は検出できるということを示しています。[25]このように気のエネルギーはアストラル次元のエネルギーと関係があります。この場合はチャクラを介して関係しています。

iii　アストラル体と物理的身体の相互作用の例

アストラル体に分布するナディは物理的身体の経絡とおおよそ同じところを流れるとされていますので、[26] 2つの流れは（次元は異なるけれど次元の境界面で）流れに沿って直接お互いに作用し合う可能性があります。そうでなければ経絡とナディが並行して分布するメリットがありません。たとえば瞑想者が瞑想をして気が充実してくる場合や武道家に気合が充実してくる時などにはアストラル次元のナディを流れるエネルギーが増すことによって、物理的次元で経絡近傍の組織間質液中の電解質濃度を上昇させるように作用するのではないかと私は思います。

クンダリニーの上昇という現象があります。修行者が下腹部ないし尾底骨のあたりに熱や光を感じ、その熱が脊柱に沿って頭頂に向かって上昇する現象です。[27]この現象の本質はアストラル体におけるスシュムナ、イダ、ピンガラと言われるナディに沿ってアストラル体の下部に発生したエネルギーが上部に突き抜けていく現象のようですが、この時物理的身体の脊柱やその近傍に大きな影響を与えると言います。経絡でいえばスシュムナは督脈に、イダとピンガラは膀胱経第2行に対応していると言われます。[26]この現象もアストラル体におけるナディ上から物理的身体における経絡上へのエネルギーの直接的な流入があるように思います。

先にお話しした女性の治療師Sさんには娘さんがいました。娘さんも母親と一緒に修行をされていた人で、母親と同じように霊能があり、いつからか母親に代わって精気治療をされるようになりました。肥満の人で指も太かったのです。でもその人に指圧されるととても気持ち良いのです。その人はお喋りの好きな人で順番を待っている客のおばさんとペチャクチャ喋りながら私の指圧をしていました。私は中学生で話すことはあまり好きでなかったのでほとんど喋りませんでしたから娘さんの治療師としてもつまらなかったのかも知れません。第3者と喋りながら指圧するのですがドンピシャリとツボに当たっているのです。「そう！　そこだ！」と思わず言いたくなるような調子なのです。あの太い指が3センチほど私の身体の中に入り、入った身体の中では細い針のようになって正確に私の身体の中の1点を刺激するのです。私は「そんなところにツボがあったのか！」と内心感嘆せざるを得ませんでした。

以後たまにそのことを思い出しては何故そのようなことが可能だったのか、いったい何が起こっていたのだろうか、と考えてきました。そして約60年経った現在考えることは以下のようなことです。

あの時Sさんの娘さんの指が私の身体に入ったような気がしたのは、彼女のアストラル体の指が私の身体の中に入ったからだ、そして私の身体内部にある（たとえば筋膜間に存在するような）経穴か私のアストラル体上の該当するナディのツボをヒットしたからだ、ということです。そこは身体表面の経穴で言えば「病膏盲に入る」と言われる膏盲のツボ（肩甲骨内側縁にあります）かその辺りであったと思います。この解釈が正しいとしますと治療者のアストラル体が被治療者の身体ないしアストラル体のツボに到達して作用を及ぼした、ということになります。

武道には遠当てというのがあります。触ってもいないのに相手を投げたり倒したりできるのです。あるいは師と弟子たちが向かい合って「エイッ！」とか「オウ！」とか掛け声をかけながらこぶしを前に突き出し合っていると、弟子の集団がズズッ、ズズッとどんどん後ろに後退していくのです。このような現象はどのように説明することができるでしょうか？　このようなことができる人は並外れて気合に満ちているでしょうから、アストラル体のエネルギーも満ちていてその力で相手のアストラル体を投げたり倒したり後退させたりしたのだと考えるのが妥当だと思います。この場合には一方のアストラル体から他方のアストラル体への作用ということになります。

日本にヨーガを初めて紹介した中村天風先生は戦後よく講演会をされました。私は聴講した経験はないのですが聴講したことのある女性から次のような話を聞いたことがあります。講演開始の直前にその女性が入り口のところで入ろうかどうしようかと小さくなっていたら、ちょうど講演壇に向かう途中の天風先生が通りかかって「さあさあ、どうぞ中に入って下さい」と言って肩に手を置かれたそうです。その瞬間天風先生の手からどっとエネルギーがその女性の身体に流れ込んで足の方に抜けたと言います。電撃のようなエネルギーで、全身に元気が湧いたということです。講演を前にして先生は気合を充満させておられたからだろう、とその女性は言っていました。この場合には天風先生の気のエネルギーとアストラルのエネルギーとが一緒になって女性の物理的身体とアストラル体を流れたのでしょう。

宇宙の進化とともに発生した生物は、自分たちも進化の過程を歩み知的生命体にまでなりました。私たち知的生命体は時として清くなりたいとか生きる苦しみから脱したいと強く思うことがあります。そのように思う人たちの中から厳しく修行する人たちがたくさんいました。でも私たちのほとんど全て（極々少数の人たちを除いて）は簡単にはその目的を達することができません。短い一生の間では無理なのです。私たちの、もっと清くなりたい、純粋なものにあるいは聖なるものに近づきたい、という意識ないし気持ちがアストラル体というものを作り出し、或いはアストラル体というものが既に存在していたならアストラル体にその意識ないし気持ちを投影させたので、死後アストラル体が存在して輪廻ということが発生し、私たちは現世とアストラル次元の世界とを行き来するようになっているのではないでしょうか。そうだとしますと、アストラル体には私たちのこの世での所業や体質・性格が刻まれる必要があります。それがカルマ（因縁）と言われるものです。いわば宿題です。だからアストラル体はカルマの塊（かたまり）とも言うことができます。[28]

それではどのようなメカニズムによって現世で身体・心が行った思い・言葉・行いなどの所業や性格・性向がアストラル体の中にカルマとして貯えられるのでしょうか？　1つの可能性は以下の通りです。

感情・記憶・意識などは脳神経細胞の中で発生すると考えられていますが、どのようにして発生するのかは十分に分かっていません。脳の多くの領野の活動の連携によって発生するらしいとは予想されているのですが詳細はまだ分かっていません。たくさんの領野の脳神経細胞に信号が伝わることが何故感情や意識を生み出すのかは大きな謎です。そのことは差しおいて、感情・記憶・意識などの構成に脳の多くの領野の連携が必要であることは間違いないと思われます。

特定のこれら高次脳機能に関与する領野全体は機能系と呼ばれています。よく知られている機能系はペーペスの回路と言われているものです。海馬、乳頭体、視床前核、帯状回、嗅内皮質、新皮質、扁桃体などにより構成されていて、双方向性に情報を伝達し合っていて、いくつものループを形成しています。大脳にはたくさんの機能系があって、それらが複数に絡み合って感情・記憶・意識の成立に役立っていると思われます。

神経細胞間の連絡を微視的に見てみますと、それは神経細胞の電気的興奮の伝搬です。一般に静止状態において細胞内は細胞外に比べて電位が低くなっています。つまり細胞外に比べて細胞内は負の電位を保っています。この状態を分極していると言い、この負の電位を静止電位（マイナス70mVぐらい）と言います。神経伝導の場合、神経細胞が興奮するということは細胞外のNa^{+}イオンが細胞内に入ってきて活動電位と呼ばれる正の電位（プラス40mVぐらい）が発生するということで、この時細胞内の電位が細胞外よりも高くなり（これを脱分極と言います）、その活動電位が神経軸索を伝導しますが、活動電位は（休止期には分極している）軸索を進行方向に次々と脱分極（軸索内の電位がプラスの状態）させながら進んで行きます。つまり細胞内が＋、細胞外が－の状態が進んで行きます。いわば細胞膜のところで外から内に向かう電気双極子が軸索に沿って進行して行くのです（図10）。もし信号が閉じた系を回るなら、プラスとマイナスの2つの電流がお互いにごく近くを並行に走ってペアの輪を形成するのと同じことになります。

既に述べましたように、経絡上ないしその近傍の間質内を気が流れる場合も正負のイオンがペアになって流れている可能性は高いと思われますので、神経伝導の場合に似ています。経絡系は各経絡が接続しあって閉じた系を構成しているので気の流れの中には閉じた系を周回している場合もあると思われます。経絡を流れる気のエネルギーのパターンは疾病傾向やどのチャクラが不安定かということを反映しますが、このような場合気の流れのパターンは閉じた系を形成しているのではないかと思います。

近接した正負のイオンの流れが鋳型となって、チャクラ部位（チャクラは車輪のようなものが回転しているように観えるとも言われます）[20・29]や物理的世界とアストラル界の境界面（ナディ上）でアストラル次元の陰と陽の流れに翻訳される可能性はあり得ると思います。そうしますと感情・記憶・意識・疾病傾向・性格などがカルマとしてアストラル体に蓄積される可能性が出てきます。ですから物理的身体が消滅後も他の何か（ここではアストラル体で説明しています）と

図10:　神経軸索伝導の模式図

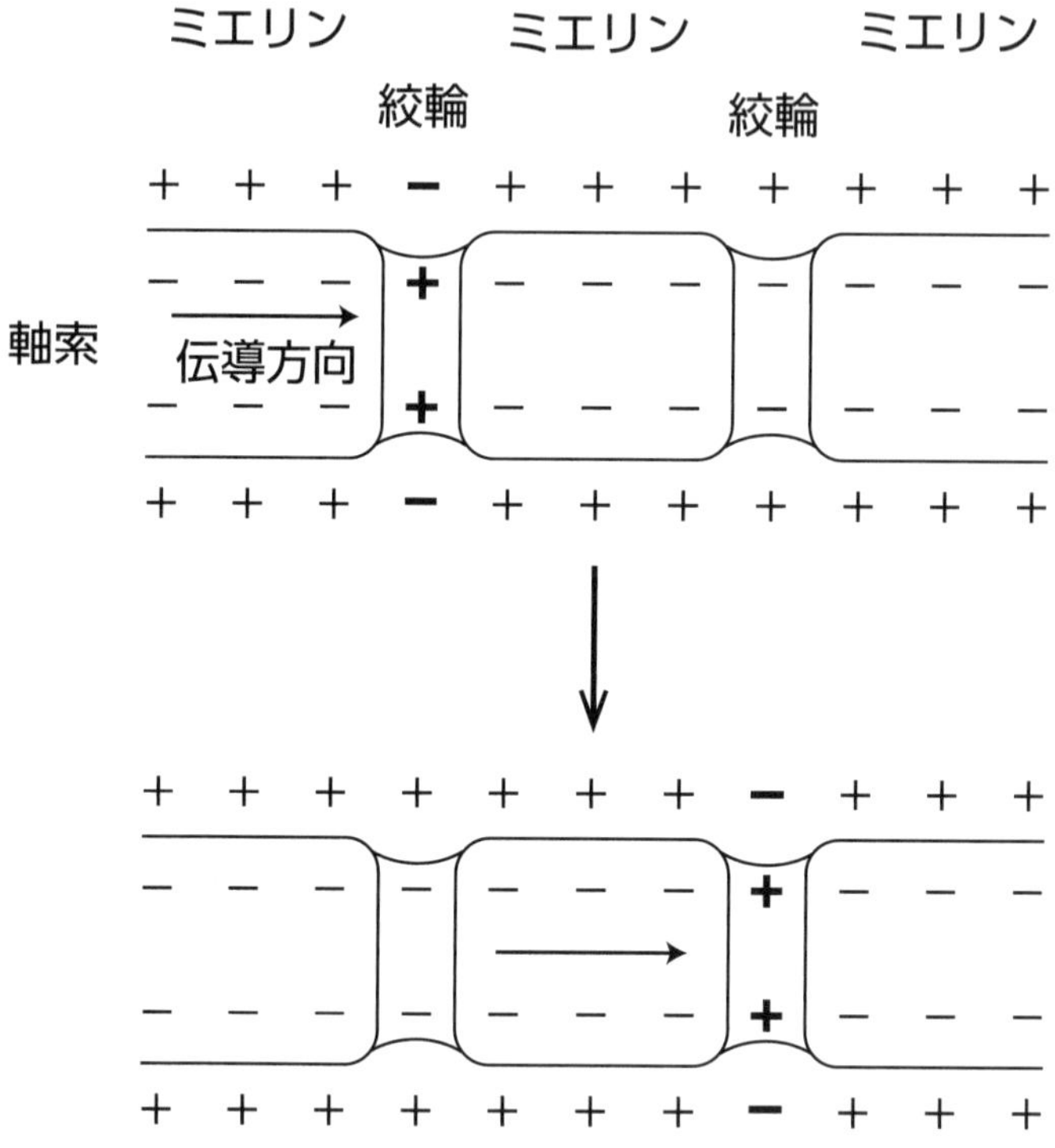

神経伝導は細胞外から細胞内へ向かう電気双極子の伝搬とみなせます。この図は有髄神経（髄鞘がある神経細胞）を例にとって示しています

して生前の善行・悪行・感情・記憶・意識・疾病傾向・性格などが残る可能性はあり得るのです。特にループを形作る電気信号（電気信号がループ内をグルグル回って、電気信号が長く続きやすいと考えられます）が鋳型になりやすく、アストラル体に翻訳されやすいのではないかと私は想像しています。

前述（I章1）しました通り、内臓は発生学的に動物器官（体壁系）と植物器官（内臓系）に分けられます。前者に外皮系（感覚）、神経系（伝達、特に脳への伝達）、筋肉系（運動）が属し、後者に腎管系（排出）、血管系（循環、特に心臓への循環）、腸管系（吸収）が属します。[30] 動物器官の中心は神経系の脳であり、植物器官の中心は循環系の心臓です。思い・言葉・行いなど、要するに心の動きは頭蓋内にある脳（特に大脳皮質、視床、基底核）に関係します。たくさんの脳細胞がシナプスを介して種々のループを形成しているのでしょう。悪い行い・言葉・思い（仏教でいえば悪い身口意）は悪いカルマを形成してアストラル体に蓄積し、善い行い・言葉・思い（正しい身口意）は善いカルマを形成してアストラル体を浄めてアストラル体に存在している悪いカルマを消滅させたりするのでしょう。この相互作用はおそらくチャクラで行われると思います。

心の姿勢・傾向や体質・感受性などは消化器系、呼吸器系、循環系、腎管系（これらの間を12経絡は結んでいます）といった植物器官のバランスが主に関与していて、これらに由来するカルマの形成には経絡系や自律神経系の要素が強いと思われます。相互作用はやはりチャクラで行われると思います。電気現象として捉えられる気の流れの速度は12～50センチメートル／秒[31]、自律神経（無髄、節後線維や痛覚）の伝導速度は0・5～2センチメートル／秒、自律神経（有髄、節前線維）の伝導速度は3～15メートル／秒[32]ですから自律神経のループ内での平均伝達速度は気の流れの速度とほぼ同じオーダーかそれより少し速いのだろうと思われます。

私はループ内で信号が伝わる周期がチャクラにおける花弁の数と関係するのではないかと想像しています。つまり高位のチャクラほど周期の短い電気現象に対応しているのではないでしょうか。脳内ではたくさんの神経細胞がシナプスを介してつながっています。中枢神経の軸索内（有髄）を伝播する電気信号の速度は速いでしょうがシナプスでは信号が化学伝達物質を介して伝わるためにそこでは極端に遅くなります（約1ミリ秒）から平均速度は軸索内を伝達する速度よりはずっと遅くなります。でも私たちが日常経験する頭の回転の速さから考えると経絡上を流れる気の速さよりは速いことでしょう。

チャクラにみられる花弁数の単調増加は、ムラダーラチャクラからヴィシュダチャクラまでは主に経絡系と自律神経系が関与し、かつ上位のチャクラほど自律神経系の関与割合が多くなっていることを示唆しているのではないかと思います。アジナチャクラからサハスラーラチャクラまではもっぱら脳神経系が関与していて、ヴィシュダチャクラまでとは異なるためにヴィシュダチャクラとアジナチャクラの間で花弁の数に断絶が生じているのではないかと想像します。

この考えを推し進めると、カルマ（因縁）を形成するのは主に身口意（行動・言葉・思い）でしょうから、カルマの形成には脳神経系が自律神経系や経絡系より重要ということになるだろうと思います。

ヨーガで人間には物理的身体、アストラルの身体、カラーナの身体という3つの存在次元があると言っても、それぞれの次元も決して単一ではなくほぼ連続的に変化する多くの段階があるのではないかと思います。存在を深めるという言い方がありますが、ヨーガに限らず人間は人によって生きている相の深さに違いがあることは多くの人が経験して知っています。存在を深める、解脱に至る、ということはどういうことなのかを探求することは人類の進化にとって大変大切なことです。人類全体が長足の精神的・霊的進化を遂げるためにアストラル次元・アストラル体のことを探求することは意味があると思います。その際AMI（経絡臓器測定装置）という測定器は、全身の気の流れの過少やバランス、チャクラとの関係をみるために役に立つはずです。

気のエネルギーは霊妙なエネルギーのように感じられることがあります。それは気のエネルギー（身体におけるプラスとマイナスのイオンの流れに関係していると思われます）がアストラル体における陰陽のエネルギーの流れ（ナディに沿っています）と並行して流れて、物理的次元とアストラル次元の境界面で相互作用し合うからであって、霊妙なエネルギーというものが物理的次元にあるわけではないと思われます。

経絡や気の探求は、病気を診断したり治療したりする上では西洋医学に比べてあまり役に立たないかも知れません。実際現代では西洋医学の代替医療としての役割しか与えられていないように思われます。しかし修行の過程においては気や経絡の存在は必然的に気づかれることですし、アストラル体の探求、ひいては霊的進歩の方法の探求という面では大変大きな意味があります。また生死の際にも重要になるものなのです。一方西洋医学はこのような方面には全く無力です。何故なら西洋医学では人間の身体を各臓器の合成としてしか見ていないからです。各存在は1つであり、部分に分けて分析することはできないことなのだ、しかもその存在は物理的次元だけにとどまらず、奥の次元（霊的次元）に拡がっているものなのだ、という視点が今の西洋医学にはないからです。そのようなことからも経絡や気の探究の重要性が分かります。

引用文献

（1）押田成人著作選集3　いのちの流れのひびきあい―地下流の霊性―　「霊的な本物とは？」　２０２０年　日本キリスト教団出版局　92頁
（2）本山博：カルマと再生―生と死の謎を解く―　「死後の世界について」　宗教心理出版　１９８７年　１８７-１９０、２０７頁
（3）本山博：人間と宗教の研究　宗教心理出版　１９９６年　95-１０３頁
（4）本山博：神秘体験の種々相―自己実現の道―　宗教心理出版　１９９５年　89-90、１０２、１１９頁
（5）本山博：前掲書（4）　２３４頁
（6）本山博：東洋医学　気の流れの測定・診断と治療　宗教心理出版　１９８５年　7-23頁
（7）Helene M. Langevin, Jason A. Yandow: Relationship of acupuncture points and meridians to connective tissue planes. The Anatomical Record 269:257-65, 2002.
（8）本山博・小林啓介・板垣美子：ＡＭＩ測定電流の波形解析とその意味　生命物理研究　ＶＯＬ１　Ｎｏ１　１９９０年　3-13頁　本山生命物理学研究所
（9）Hiroshi Motoyama : Comparisons of Diagnostic Methods in Western & Eastern Medicine. Human Science Press (Shukyo Shinri Shuppan), Tokyo. P60-67.
（10）本山博：前掲書（2）に同じ　１２５-１２６、１５１頁
（11）影山教俊：瞑想体験とは何か　in人間に魂はあるか?―本山博の学問と実践―第五章　国書刊行会　２０１３年　１９２-１９７頁

（12）Benias PC et al. : Structure and Distribution of an Unrecognized Interstitium in Human Tissues.　Sci Rep 2018; 8(1) : 4947
（13）Nagayama N, Motoyama H : Electrical properties of skin along Meridians in the Extremities before and after Flexible Fiberoptic Bronchoscopy. Subtle Energies & Energy Medicine Vol.17 No.1 p1-15, 2006.
（14）Nagayama N, Motoyama H : Electrical properties in the extremities along meridians in patients with unilateral pulmonary tuberculosis. Subtle Energies & Energy Medicine Vol.18 No.2 p9-19, 2007.
（15）Hiroshi Motoyama : 前掲書（9）に同じ　p91-8.
（16）Leung AY, Kim SJ, Schulteis G, Yaksh T : The effect of acupuncture duration on analgesia and peripheral sensory thresholds. BMC Complementary and Alternative Medicine 2008 May 1, 8:18.
（17）本山博：密教ヨーガ―タントラヨーガの本質と秘法―　宗教心理出版　１０７８年　１２８-１２９頁
（18）本山博：前掲書（17）に同じ　13-14頁
（19）本山博：前掲書（２）に同じ　１７２頁
（20）スワミ・ヨーゲンシヴァラナンダ：魂の科学　木村慧心 訳　たま出版　１９８４年　１３７、１５６頁
（21）本山博：前掲書（17）に同じ　２１３頁
（22）本山博：超感覚的なものとその世界―宗教経験の世界―　宗教心理出版　１９９０年　42、50-61頁

(23) 本山博：前掲書（17）に同じ　141-143頁
(24) 本山博：前掲書（22）に同じ　51-54頁
(25) 本山博：氣の科学―経絡、気エネルギーの電気生理学的証明と東西医学統合の試み―　宗教心理出版　2009年　147-168頁
(26) 本山博：前掲書（17）に同じ　139-152頁
(27) 本山博：前掲書（17）に同じ　165-6、196頁
(28) 本山博：前掲書（17）に同じ　129頁
(29) C・W・リードビーター：チャクラ　本山博・湯浅泰雄　共訳　平河出版社　1978年　16-21頁
(30) 三木成夫：内臓とこころ　河出文庫　2013年　80-87頁
(31) 本山博：前掲書（6）に同じ　72-79頁
(32) ギャノング生理学　原書23版　岡田泰伸 監訳　丸善　2011年　105頁

Ⅳ章

踊る太陽、割れゆく月

この世は物理的次元の世界だけではなく、アストラル次元・カラーナ次元などの多重次元の構造をもっていると考えると説明可能な現象は多々あります。これらの現象のいくつかについて検討してみたいと思います。

1　踊る太陽

1917年5月13日ポルトガルのファティマで当時それぞれ10歳、9歳、7歳であったルシア、フランシスコ、ジャシンタという3人の牧童が聖母マリアのご出現を受けたと言います（世にいう〝ファティマの聖母〟）。その後ご出現は毎月行われました。近隣の村々に住む人々の注目するところとなり、最後の公的ご出現となった同年10月13日の第6回目のご出現には5～7万人の大群衆がファティマのコヴァ・ダ・イリアと呼ばれる土地に押し寄せたそうです。その時に聖母はルシアにいくつかのご自身のお言葉を託されたのでしたが、3人の牧童に出現されたのは聖母であるということを人々に悟らせようとある奇跡を行われました。

それはのちに「太陽の踊り」と呼ばれるものです。以下のように描写されています。

聖母がルシアと話されている間、ウバメガシの木の上には九月のときと同じような雲があり、聖母が去られると同時に、雲も上のほうに上がって行きました。

ルシアが人びとに向かって叫びました。

「太陽をごらんなさい！」

このとき、ルシアは太陽を見てそう叫んだのではなく、聖母が去って行かれるとき、聖母が両手を広げられ、それを太陽のほうにかざされ、彼女自身の光を太陽そのものに投射されるのを見ました。そして内的な促しを受けて人々に叫んだと言っています。

それから十分間にわたって、大群衆は予言されていた奇跡を、いわゆる「太陽のダンス」という形で見ました。それまで降っていた雨が突然止み、雲が急速に切れ、晴天になりました。顔を出したギラギラ輝くはずの太陽を人々は裸眼でなんら目を痛めることなしに見ることができました。

すべてのものが動かず、静かでした。それ自体不思議なことですが、次にさらに不思議なことが起こりました。その太陽がさまざまの方向に光線を発し、その光線が空気、大地、木々やその他大地にあるすべてのもの、人間たちをさまざまな色に染めあげました。しばらくして、太陽が止まったと思われ、次に揺れ、震え、いわゆるダンスを始めました。太陽が天から剥がれたかのように、人々の上に回転する大車輪になってまさに落ちかかって来るように見えました。人びとは叫び、泣きわめき、地にひれ伏しました。大声で自分の犯した罪を告白する人もいました。しかし、最後に太陽は動きを止めました。人々は助かったと安堵して胸をなでおろすことができました。

大群衆がこの大スペクタクルを目撃していた十分間、三人の幻視者たちは実は太陽の奇跡を見ていませんでした。聖母が去られた後、聖ヨセフが幼子イエスを連れて、聖母とともに太陽のそばに立たれました。聖母は白い衣装を着て、青いマントを羽織っておられました。聖ヨセフと幼子イエスはそれぞれ三度十字架のしるしをして、世界を祝福されました。[1]

ファティマから5キロ以上の地にいた者、30ないし40キロ隔たっていた者までが、なんらの予告もなく、なんらの暗示や集団的錯覚の影響も受けないで、この現象を眺めることができたとのことです。[2]

奇跡とはいえ、この現象はどのように説明できるでしょうか？　同じ時刻に世界の他の場所ではこのようなことは目撃されていないのですから、物理学の法則が破られたはずはありません。しかも同じ場所にいた大群衆と3人の牧童とはそれぞれ別の体験をしていたのです。従ってこれらの人びとの内部に疑問を解くカギがあると思います。集団的催眠や集団ヒステリーでないことも明らかです。少し離れたところにいた人たちの内にも同様の体験をした人たちがいたからです。

私は大群衆がアストラル次元に誘導されたのではないかと考えます。アストラルの世界は想念で変えることができると言われる世界ですから、力ある存在によってはそこで太陽を踊らせることが可能なのではないでしょうか。肉眼で太陽を見ても目を傷めなかったとのことですが、アストラル次元で守られると物理的次元でも守られるメカニズムがあるのではないかと思います。心霊手術ができる人のうちでも、アストラルの次元よりも上のカラーナの次元で心霊手術ができる人になりますと、ナイフを身体の中に突き刺して患部を取り出すことができるそうです。カラーナの次元のエネルギーで包まれるというか、カラーナの次元のエネルギーが出るようになると「物」は無いのと同じようになって、手でもナイフでも自由に物（身体）の中に入ると言います[3]。それと同じように物理的次元での害悪（太陽光線で網膜が焼かれる）をアストラルないしカラーナの次元の力によって防御することは可能なのではないかと思うのです。こうして私には、太陽の踊りはアストラル次元で行われたという気がするのです。つまり奇跡と思われる現象には、実は宇宙全体の多重次元性を考えれば、物理法則を破らなくても納得のいく機序があるはずだということです。

2　割れゆく月

玉光教の教祖本山キヌエ師は明治42年に山口県で小作農の4女として生まれました。小さい時から病弱の上に、経済的に苦労が多かったのですが、なお両親への孝養に努めておられました。しかしついに経済的家庭的に進退窮まるところとなって、昭和7年2月6日ある断崖から海に向かって投身される事態になりました。身は空中に投じたものの、この時一陣の風が吹いて元の場所に投げ戻されてしまいました。この一部始終は、もしやと思った実母が必死にその崖に走り来られたため、間に合いはしなかったけれど、遠目に目撃されたのでした。この時本山キヌエ師は、ご降臨になって本山キヌエ師を守られた神様にご自分の不心得を夢うつつの中でこんこんと諭されたということです。

以来本山キヌエ師は神様の代人としてのお役目を果たされることになったそうです。神さまに導かれるままに修行され、霊性はいよいよ深まり、たとえば水の上を歩いておられたということです。その本山キヌエ師には次のような体験がありました。自叙伝に次のように書かれています。

昭和二十年三月八日夕方。私が下の町へ買物にゆき、坂道にかかり、余りに苦しいものですから、道辺に腰を下ろし、何気なく空を仰ぎますと、百足山の上に三日月が出ています。今宵の三日月は何だか変だと思って見ていますと、月が三つに割れてまいりました。雲がかかったのかと思って眼を凝らして見ましたが、雲がかかったのではありません。あたりに雲は一点も御座いません。余りにも不思議な現象に驚き大急ぎでお宮にかけ込み、

「清光(せいこう)さん、大変よ。月が三つに割れたわ。早く出て御覧よ。早く早く!!」

と申して呼びました。清光さんは夕餉の支度をする手を止めようともせず、

「そんな事は御座いませんよ。雲でもかかっているのでしょう。」

と言って驚きません。私が余りうるさくせき立てますので、やっと外に出て月を見ますと、いつもの通りの三日月で御座います。

「矢張り何でもないではありませんか。白い雲でもかかっていたのでしょう。」

と言って、家に入ってしまわれました。家の中から、

「お蔭でお魚が黒焦げになった。」

とぶつぶつ言われる清光さんの声がしています。私は余りにも不思議な現象に打たれ、恐ろしい戦争のさ中のことで心も暗く、そのままそこへいつ迄もいつ迄もたたずんでおりました。す

ると玉光大神様のお声が聞こえて来まして、

『代よ、月の割れはそちの見誤りではない。今に世界があの月のように三つに分かれてまた争う時が来る。なげかわしい事だ。この戦争が終わった後、まず東西の横綱の大相撲がある。その時、日本は土俵の置かれる場所によっては、フンドシかつぎの役目はまぬがれまい。』

との御神言で御座いました。[4]

月が割れてまたくっつくというようなことは現実の物理的世界では起り得ません。割れていくように見えたのは本山キヌエ師だけであったと考えられます。ですからこの現象は本山キヌエ師内部の問題であったと思います。どのような機序でそう見えたのでしょうか？　本山キヌエ師は疲れて息苦しかったために道辺に腰を下ろし、何気なく空を仰ぎ、今宵の三日月は何だか変だと思って見ていたということですから、心は少しボーッとしていたと思います。つまり意識は変容しやすい状態にあったということです。師はいつしかアストラル界の月を見ていたのではないでしょうか。師のアストラル界の中で神によって月は3つに分けられたのではないかと思います。なおこの話は戦後世界が米ソと第3世界に分かれて争うという預言であったようです。

3　空海の体験

若き日の修行中の空海はある時明けの明星（金星）が「来影」するのを体験しました（空海著『三教指帰』に「明星来影す」と記述されています）。この体験がどのようなものであったかは明らかではありませんが、平安中期に記された空海伝「御遺告」では「明星が口に入った」と記しています。金星が空海のところに飛んでくるとか口の中に入るとかいうことは実際には起こりません。しかし空海はそういう体験をしたのでした。空海の場合にはカラーナかプルシャのレベルの光（エネルギー）が空海のアストラル体かカラーナ体に入ったものとすれば理解は容易になります。このようなご自分の種々の不思議な体験の意味・機序を知るために空海は密教を学ぶべく遣唐使の一員として唐に渡ったのでした。都長安に着かれた空海は数か月後に青龍寺東塔院の恵果阿闍梨に遇い、厚遇を得ます。その出会いの様子は空海が帰国後直ちに朝廷に上表された「御請来目録」に簡潔にしかし極めて印象的に描かれています。その「御請来目録」には瑜伽観智とか金剛頂瑜伽というように瑜伽という言葉が出てきます。これより空海は密教がヨーガと深い関係にあることを理解し、ヨーガの思想・修法を習得されていたことが明らかです。こうして密教の大系をご自分のものにされたのでした。

4　本山博先生の身体が大きくなられたこと

本山博先生がなさっていた朝行に私は参加したことがありました。朝行では参加者みなで瞑想するのです。その日終わったあと本山博先生はみんなの方に向き直って見渡されました。私を見つけられると、にわかに表情と雰囲気が変わり、私を見つめたまま再び瞑想の状態に入られたようでした。私に迫ってこられる本山博先生の迫力に押されて、私はどうしよう、と思いました。でも視線を逸らせるわけにはいきません。私もじっと本山博先生を見つめました。そうすると、先生の迫力は尋常でないので、私は自分が上の方に引っ張り上げられるように感じました。私としては上に行かないと先生の迫力に対抗できないという感じなのです。それと同時に本山博先生のお身体がどんどん大きくなりました。2倍、3倍と大きくなっていかれるのです。私はどんどん上に引っ張り上げられるように感じました。（あとから考えれば）同時に私の意識も少し変容してきたように思います。1～2分そういうことがあったのち、フーッというように大きく息を吐かれ、本山博先生は急にシュルシュルとしぼまれて、元の大きさに戻られ、表情も普段の表情に戻られました。その日はお話しもなく、そのまま朝行は終わりました。本山博先生が私を見つめられていた間参加者の雰囲気も張りつめたので、みんなも何かを感じていたのでしょうが、私は誰にも何も聞きませんでした。

その後私は折りにふれ、どういう機序で先生はあんなに大きくなられたのだろうかと考えました。そのうちあの時自分の意識は軽度に変容状態に導かれていたことに思い至りました。多分アストラル次元に導かれていたのだと思います。アストラルの世界ではモノの大きさなどは自在だそうですから自然に大きくなられたのでしょう。アストラルの世界の月や太陽に対しても、ご存在によっては大きさや動きを自在に変えることがおできになるのだと思います。

このような体験によっても私はアストラル界（アストラル次元）というものは存在すると思うのです。

5　聖典・教典について

アストラル・カラーナ・プルシャの次元を想定すると説明可能なもう1つのことは聖典・教典と言われるものについてです。聖典・教典と言われるものはどんなに素晴らしいことが書かれているにしても、所詮は人間が発明したことばで書かれています。人間が発明したもので聖なることが表現できるのでしょうか。人間が発明したことばで表現され得るものは大したことではないのではないか——そういう疑問があり得ると思います。それでは聖典・教典と言われるものは何故聖典・教典であり得るのでしょうか。以下に私の体験を述べさせていただきます。

重症でかつ意固地な性格の盲目の患者さんがいました。私は一生懸命に治療し、また若い付き添い婦（当時はそのような役割の方がいました）の献身もあってその患者さんは病状が少し良くなると共に性格も明るくなってきていました。私はその人の将来にとても希望をもって喜んでいました。しかしある時急に高熱を発し、私の不注意であっという間に亡くなられました。その日はいろいろなことがあり、夜遅く自宅へ帰ってきました。憔悴した私は、自分は一生懸命にやったのにどうしてこんなことになったのだろうと思い、落胆していましたが、しばらく時間が経つうちに気をとり直して聖書をパラッとめくりました。その時飛び込んできたのは、

「心をさわがせることはない。神を信じ、私をも信じよ」（ヨハネ14－1）

というキリストのおことばでした。

文字が目に入ったというのではない、実体ある塊のようなものが口から飛び込んできて胃の腑にドスンと落ちたように感じました。瞬時に私の身体中にエネルギーが漲ってきました。オーッ！　と声が出そうになるくらい感銘を受けました。彼のことはしっかりとキリストに受

け取られたと思ったのです。それから30年以上にわたって時々思い出してはあの時の現象は何だったのだろうと考えてきました。たどりついた結論は以下のようでした。

聖書の文字は目に入ったのでしょうが私にはその感覚がなく、口の中に飛び込んできたように感じたのはアストラル次元での体験だったのではないかと思います。聖書の中からアストラル次元のエネルギーが私のアストラル体に飛び込んできてアストラル体をエネルギーで満たし、それが物理的身体のエネルギーになったという気がします。

情欲に翻弄されていた若き日のアウグスティヌスはある日窓の外に「取りて読め、取りて読め」という子供の声を聞き、雷に打たれたように聖書を開いたところ、

「酒宴と酩酊、淫乱と好色、争いとねたみを捨て、主イエス・キリストを身にまといなさい。欲望を満足させようとして、肉に心を用いてはなりません」（ローマの信徒への手紙13‐13～14）という箇所に行き当たって、回心に及んだという有名な話があります。アウグスティヌスはその時の彼に最も必要なことばに偶然にも行き当たったというわけではなかったと思います。このことばのもっている深い次元の内容、アストラル次元とかカラーナ次元とかで実体をもって存在しているものが彼の（アストラルの次元とかカラーナの次元での）存在の中に、どっと流入したのだろうと私は思うのです。そうでないとあんなに深い回心は経験できないでしょうし、後世の思想・宗教界にあれほどの影響を与える人物の誕生にはならなかったと思うのです。

聖典・教典と言われるものはことばで書かれてはいますが、言い表そうとされている内容はアストラル次元やカラーナ次元やプルシャ次元のものであり、表面はことばで覆われているにしても内にはアストラル次元・カラーナ次元・プルシャ次元の内容をもっており、それらが時として人々のアストラル体やカラーナ体に入り込み刺激を与え、彼らを奮い立たせるのではないでしょうか。これこそが聖典・教典の聖典・教典と言われる所以だと思うのです。ですから「教典を唱えるときは、経典のことばそのものが神であると敬って祈るように[5]」と言われるのだと思います。

引用文献

（1）ファティマの聖母出現―ご出現百周年を迎えて―　いつくしみセンター　2017年　75-79頁
（2）セ・バルタス著、中山利喜太郎 訳：ファチマの牧童　光明社　1947年　129頁
（3）本山博：神秘体験の種々相―自己実現の道―　宗教心理出版　1995年　199-200頁

（4）本山キヌエ：玉光神社　教祖自叙傳　宗教心理出版　1975年　109-111頁

（5）本山博先生と歩んだ道1　宗教法人　玉光神社　2018年　136頁

V章 宇宙の創生

宇宙がどのように始まったのかということは、天文学・物理学などの自然科学だけでなく、哲学・宗教にとっても大きな関心事です。この問いに対するアプローチの仕方は自然科学と哲学・宗教ではまるで違っているように見えますが、それぞれのアプローチの中に真実な部分がもしあるのなら、本来は融合されて探求されるべきものです。

それ故自然科学的な探求と宗教的な体験の世界とはどのような関係にあるのかということを、以下のように光について考察することを通して考えました。

1 物理的世界の光（光子）

宇宙に光が存在しなかったら、視覚はもちろん高等生命も存在できなかったでしょう。光がないということは恒星もないということで、宇宙には何の面白さもありません。宇宙が誕生して現在まで137~8億年経っていますが2020年現在で134億年前の銀河を観測できるのも光のお蔭です。物理的な光は宇宙において重要な働きをしています。物理学の基本的な理論であるアインシュタインの相対性理論において光の速度（光速）は重要で、光速以上に速く走る物質はありません。物質とエネルギーは等価であると言われますが、両者を結びつける係数は光速の2乗であり、ここでも光速は重要な役目を担っています（アインシュタインの式：$E=mc^2$：Eエネルギー、m質量、c光速）。

光は物質や力のもとになる素粒子の1つで、素粒子としてみられる時には特に光子と呼ばれます。光子は素粒子の中でも大変重要なものです。宇宙が生まれてまだ間もない（プランク時間と呼ばれる）10のマイナス44乗（10^{-44}）秒後の、宇宙がごく小さな時空（プランク長さと呼ばれる約10のマイナス33乗（10^{-33}）センチメートルの大きさ）であった時に重力（従ってこれを伝える素粒子であるグラビトン（未発見））ができ、その10のマイナス36乗（10^{-36}）秒後に強い核力（従ってこれを伝える素粒子グルーオン）ができ、さらにその10のマイナス11乗（10^{-11}）秒後に電磁気力（従ってこれを伝える素粒子である光子）と弱い核力（この力を伝える素粒子はzボソンとwボソン）ができたと考えられています。つまり光は宇宙創生の極初期に誕生しました（図11）。逆に見れば、光子が役割を果たしている電磁気力は電磁気力になる前には電磁気力と弱い核力（原子の放射性崩壊の原因となる力であり、たとえば中性子を陽子、電子、電子反ニュートリノに変換します）を合わせたような力でした。そしてその前には電磁気力と弱い核力と強い核力を合わせたような力でしたし、さらにその前には電磁気力と弱い核力と強い核力に重力も合わせたような力だったと考えられています。現在の宇宙にはこの4つの力しかありません。宇宙創生時には1つの力しかなかったのに、瞬時にして次々に分化し、そのうちの1つとして電磁気力が出

図11：　力の進化図

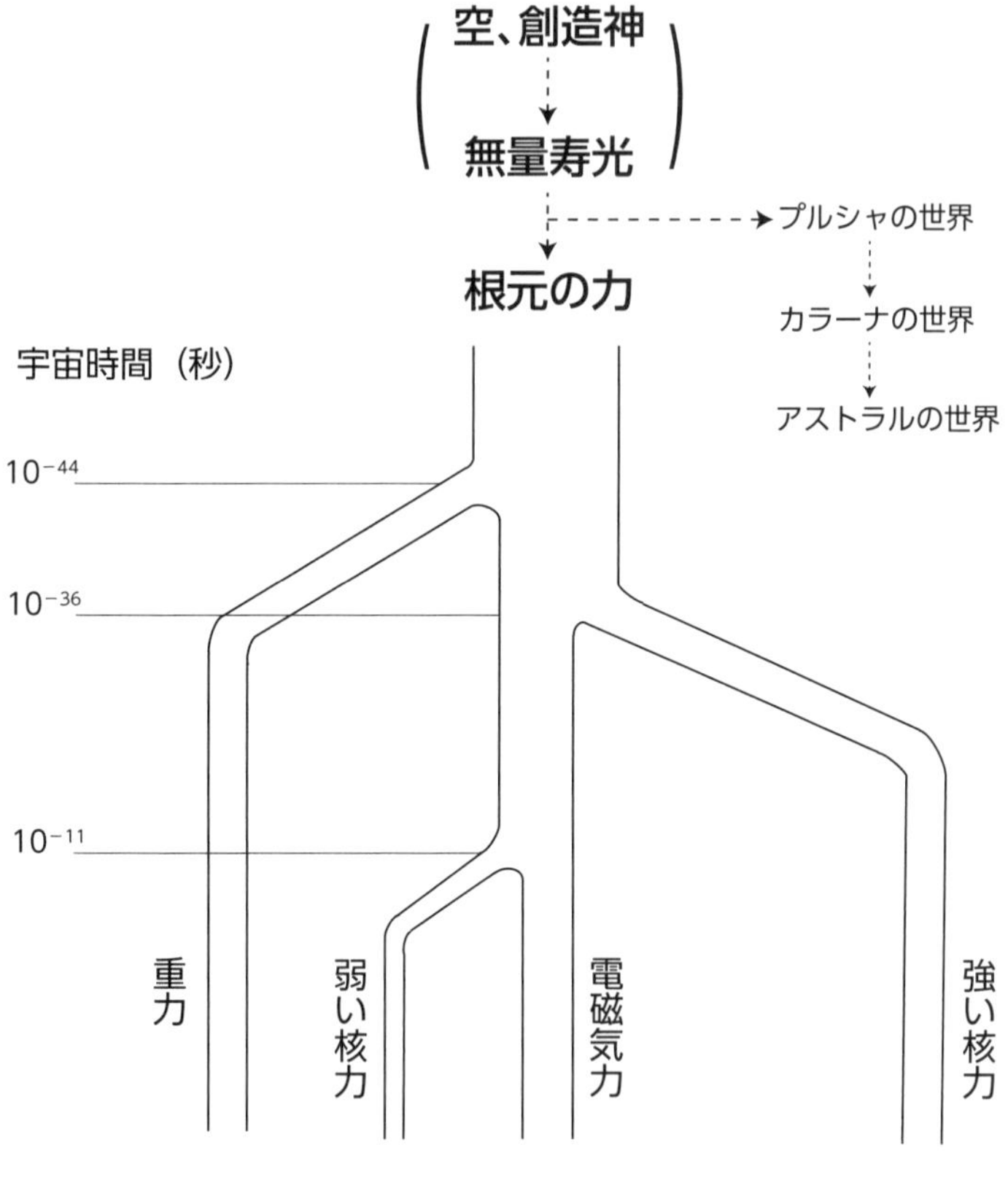

根元（＝原初）の力の前（上流）に“力ある不思議な光”＝無量寿光があるとしています。無量寿光についてはこの章の後半（5 宇宙（時空）について〈150頁〉）で説明します

現した時に光子は生まれたのです。[1]

現在の宇宙は質量にして水素が約70%、ヘリウムが約25%、水素・ヘリウム以外の重い元素はたった1・9%に過ぎません。重い元素を創らずに大量の水素を残すためには初期の宇宙は1個の核子（陽子と中性子をまとめて核子と言います。陽子は水素の原子核と同じです。中性子は陽子に電子がくっついたものです）に対して莫大な数の光子が存在しているという状況でなければなりませんでした。水素が大量に残ったからこそ、それから先の宇宙に元素の多様性がもたらされ、生命誕生の可能性が残ったのでした。実際現在の宇宙で観測してみるとバリオン（核子といくつかの短寿命の重い粒子の総称、物質のほとんどを占めます）数・光子数の比η（イータ）はきわめて小さな値（10のマイナス10乗の桁）です。ηがある狭い範囲を逸脱すると現在の宇宙はできなかったのです。[1]

光は電子と共に生命現象にも重要です。生命現象は主にイオン（つきつめると電子）によって担われていますが、生命現象が豊かになるために光は大切です。深海に発生する微生物には光が必要ないかも知れませんが、日光がなければ地球上の生命は今のように多様にはなり得なかったでしょう。このように光は物理法則においても現在の宇宙の創生・進化においても生命現象においても重要な役割を果たしています。

2 〝不思議な光〟

ある人がその人の長女の誕生に立ち会った時のことです。新生児は産道を出てきて最初の泣き声を発した後、泣き止んで、ここはどこだ？ という表情で周りを眺めました。その様子を見てその人は、この新生児は目が見えている、意識もはっきりしている、と思いました。助産婦さんから新生児を受け取ったその人は両手で慎重に新生児を抱いて、ゆっくり部屋の中を歩きながら「サルヴェ、レジーナ（直訳すれば、救い給え、女王よ、という意味）」という聖母マリアに対する歌を歌ってあげました。歌を歌ったあと、その人は新生児を正面から見ていました。すると新生児の顔が、3、4秒のうちに見る見る神秘的になって、つまりとてもこの世の者でないような天上的な表情に変わって、静かに微笑みました。微笑みが光となってその人の中に入り込んできて、その人自身も精神が浄化され身体が天に向かってグーッと引き上げられるように感じ、力が全身に充満するのを覚えました。微笑みの状態が3、4秒続いたのちに、また表情が3、4秒かけてゆっくり変化して元の新生児の表情に戻りました。その後その新生児も他の新生児たちと一緒に新生児室にいましたが、他の新生児とはまるで違っていてなお神秘的な雰囲気を漂わせていました。しかし日を追ってその雰囲気は薄れていき、1週間後には他の新生児たちとほぼ同じようになったのでした。あの時いったい誰が微笑んだのか、その人はずっと考えてきましたが未だに分かっていません。

その人はその話をあるフランス人の神父にしました。するとそのフランス人神父は、「私の母も、私の妹が生まれた時に同じような経験をしたと言っていた。母はそれを〝天使の微笑み〟と呼んでいた」と言いました。

おそらくこのような現象は時々人々が経験してきたことなのでしょう。この時新生児の顔から発せられる光というのはとても清いもので、見る者の精神を浄めつつ高みに引き上げ、見る者に内側から力を与え元気づけます。物理的な光（光子）をどのように組み合わせてもとても再現できるとは思えません。

宗教者は物理的世界の光とは別に霊的な光というものがあることをよく知っています。たとえば押田成人師は次のように述べています。

感覚でとらえる光と、知的な光と、霊的な光とは、全く違ったものでありますが、しかも、同じ光のすがたをもっています。その、光のすがたは、それぞれの光で全く違っています。それにもかかわらず、同じように光という言葉で呼ぶことができます。それは、同じすがたをもっているからです。[2]

物理的な光とは異なるこのような光を私は〝不思議な光〟と呼ぶことにします。〝不思議な光〟はいろいろな状況で人々によって体験されてきました。たとえば修行の行き届いた人の坐っている姿からは〝不思議な光〟が放たれているように感じます。私の体験で言えば本山博先生や押田成人師がその例です。

他にも世に有名な体験としては以下のようなものがあります。

・1883年5月13日、当時10歳のフランスのリジューのテレーズという少女は原因不明の大病に罹っていて、精神・神経にも失調をきたしていました。

私のそばにいるのは、彼女（＝長姉のマリー）だということをわからせようとして、（周りの人が）いろいろ手をつくしましたがだめでした。そこでマリーは、レオニー（三姉）とセリーヌ（五姉）と一緒にひざまずき、聖母マリアのご像のほうを向いて、わが子の命を哀願する母の熱心を込めて祈りました。そしてマリーは、その願ったものをいただいたのでした……。

地上には何の助けも見いだせないかわいそうな小さいテレーズも、天のおん母に向かって、心の底からあわれんでくださるように祈りました……。突然、聖母マリアのご像は、美しく、美しく、あのように美しいものはだれも決して見たこともないほど美しくなりました。その顔にはえもいわれない愛情と優しさとが漂っていましたが、特に私の魂の奥底までしみとおったのは、「マリアさまのうっとりするほど美しいほほえみ」でした。私のすべての苦しみはみな消え失せ、両のまぶたからは大粒の涙があふれて静かにほほを伝わりました。ああ、それは何の混じりけもない喜びの涙でした……。

それから何気なく視線を下げると、マリーが愛情をこめて私を見つめているのが見えました。マリーは感動した様子で、私がマリアさまからいただいた恵みを察しているように見えました。ああ、ほんとうにマリーのおかげでした。私が天のきさきのほほえみという大きな恵みをいただいたのは、マリーの涙ぐましいお祈りのおかげだったのです。私が聖母マリアのご像をじっと見つめているのを見て、マリーは心の中で、「テレーズは治った」と思ったのでした。そうです。小さい花はよみがえろうとしていました。彼女を暖めた輝く光は、その豊かな恵みを与え続けるはずでした。(3)

聖母マリアの微笑みが輝く光と表現されています。輝く光は10歳のテレーズを不思議な大病から瞬時に癒した、そういう力のある光でした。この光はそばにいた長姉のマリーにはみえませんでした。従ってテレーズは肉眼の目ではないもので、物理的次元ではない次元で輝く光を観たのだろうと思われます。

•パラマハンサ・ヨガナンダ（1893～1952）は1920年にインドからアメリカに渡って、ヨーガを普及させた偉大な聖人です。彼はキリストとの出会い（1950年頃）の場面を次のように語っています。

ある晩、私が静かに祈っていると、エンシニタスの草庵の私の居間が乳青色の光に満たされ、目の前に主イエスが輝かしいみ姿を現わされた。主は、まばらなあごひげと口ひげを生やした二十五歳くらいの青年に見えた。真ん中で分けた黒く長い髪は、きらめく金色の後光に包まれていた。

彼の目は深く神秘的で、私がじっと見つめていると、無限に変化した。そして、目の表情の変化とともに伝わって来る英知を、私は直感的に把握することができた。私はまた、彼の輝くまなざしの中に、もろもろの世界をささえている力を感じた。聖杯が彼の口もとに現われて、それが私の口まで降りて来た。そして、再び彼の方へ戻って行った。しばらくしてから、主は美しい声で、私のある個人的なことがらについて語ってくれた。私はそれをひとり自分の胸に秘めている。[4]

キリストの目の表情と共に英知が伝わってきてその内容が理解できたり、輝くまなざしの中に世界をささえるキリストの力を感じさせたりしたのはキリストから発せられた光によります。従ってこの光には英知の内容を伝える能力があり、世界を支えるほどの力があることになります。物理的光をどのように組み合わせても相手に意思を伝えたり力強さを伝えたりはできません。それ故この場合の光も物理的次元の光とは考えられません。キリストとパラマハンサ師との出会いは物理的次元ではない（少なくとも物理的次元だけではない）次元で起こった出来事と判断されますし、光は物理的次元の光ではない（もしくは物理的次元だけではない）次元の光であったと考えられます。

このような現象を幻覚と判断して注目しない立場もあるでしょうが、それでは世界の捉え方が狭くなる危険性があります。人の精神を高みに引き上げたり浄めたり、全身に力を漲らせたり、聖なるものを感じさせたり、一瞬にして病いを癒したり、意思を伝えたりすることのできる〝不思議な光〟はいったい何なのか、その本質を探ろうとするのは世界に対する認識を拡げるためにも重要だと思います。これらの現象は物理的次元の光（光子）のいかなる組み合わせによっても説明できないと思われますので、不思議な光は物理的次元の光ではなく（あるいは物理的次元の光だけではなく）別の次元の光なのではないでしょうか。

そうしますと大きな問題が出てきます。物理的な光と〝不思議な光〟とはどのような関係にあるのだろうか、ということです。

〝不思議な光〟には人を神聖な気持ちにして奮い立たせたり、病を一瞬に癒したり、意思を伝えたりする力があります。一方物理的な光にも人を明るい心にしたり、感動させたりする力がありますが、〝不思議な光〟がもっているこのような力はありません。従って〝不思議な光〟の方が物理的な光よりも上位の光であるように思われます。プラトン流に言えば〝不思議な光〟は物理的な光のイデア（実相・原型）[5]の可能性があると思うのです。

〝不思議な光〟には1つではなくいろいろな段階の光があると思われます。それ故〝不思議な光〟の中でももっとも根源的な光はどのようなものであるかを考察してみることに致します。そのためには人類が長い間蓄積してきた宗教的体験からヒントを得るのが近道と思われます。

3　宗教における経験

宗教の世界では体験から生まれた多くの智恵があります。世界の宗教はそれぞれに優れた伝承をもっています。どの伝承が最も高尚であるかということについては私には全く分かりません。ただヨーガの教えることは具体的で分かりやすいということは言えると思います。

Ⅰ章4で述べましたようにヨーガでは人間存在は物理的次元の心身だけでなく、アストラル次元およびカラーナ次元という霊的次元の心身ももっていると考えています。人間が進化していきますとカラーナ次元をさらに超えて神々（プルシャ）の次元にまで到ることができると言われています。[6]

アストラルの次元の身体である微細身は、前述しました（Ⅰ章4）ように想像とか感情というものに影響されて、容易に変わりますが、カラーナの次元では心の働き方が主に知的な面に向かい、真理とは何か、人間の生き方、道徳的なありかたの真実は何か、普遍的なものは何か、というように、真理を求めることが特徴であるとのことです。

カラーナ次元の存在との宗教経験については以下のことが言われています。

・アストラルの存在は色や臭いをもっているがカラーナの存在にはそういうものはなく、在るのは見えるけれど、それは色をもっているというよりは、透明に近く見え、或いは真っ白に光り輝いているように見える。また透明だが形をもっており、その形が強い力をもっている。

・感情的なたかぶりがなく、平安である。

・一致の体験において、或る霊的存在を感得し、自分と霊が別のものであることを感じる。アストラルの霊の一致の場合より、より1つになった感じがする。

非常に強い或る力をもった、清らかな、大きな力をもった、そういうものが自分の中に入ってきていると感じる。(6)

このようにカラーナの存在は平安で清らかで力をもった光と深い関係にあるようです。これらのことから前項で述べた〝不思議な光〟はカラーナと呼ばれる次元の光と関係があるという可能性があります。

カラーナの身体は（カラーナ界での）光でできているようですからお互いに重なり合えるのでしょうし、光を発することで意志や意味を相手に伝えることができるのでしょう。また相手が肉体をもった人間であれば、そのカラーナ体に対して光を注ぎ、相手をカラーナの世界ないしアストラルの世界に（一時的に）高め、励ましたり、病気を治癒したりすることができるのであろうと思われます。

この世の光とは思えない霊的な光（ここで言う〝不思議な光〟）についての記述は新約聖書にもいくつか出ています。イエスの誕生に際してはベツレヘム近郊で野宿をしていた羊飼いたちの周りを〝主の栄光が照らし出した（ルカによる福音書2-8~9）〟ということですし、東方の博士たちは不思議な星の光に導かれて幼子のいる家にたどりついた（マタイによる福音書2-1~12）のでした。またダマスコに向かうサウロ（のちのパウロ）は天からの光に照らされて地に倒れ、「サウロ、サウロ、なぜ私を迫害するのか」というイエスの言葉を聞いた（使徒言行録9-3~4）とのことです。

聖書の中で語られるもっとも顕著な光の出来事はイエスの変容です。

六日の後、イエスはペトロ、それにヤコブとその兄弟ヨハネだけを連れて、高い山に登られた。イエスの姿が彼らの目の前で変わり、顔は太陽のように輝き、服は光のように白くなった。見ると、モーセとエリヤが現れ、イエスと語り合っていた。ペトロが口をはさんでイエスに言った。「主よ、わたしたちがここにいるのは、すばらしいことです。お望みでしたら、わたしがここに仮小屋を三つ建てましょう。一つはあなたのため、一つはモーセのため、もう一つはエリヤのためです。」ペトロがこう話しているうちに、光り輝く雲が彼らを覆った。すると「これはわたしの愛する子、わたしの心に適う者。これに聞け」という声が雲の中から聞こえた。弟子たちはこれを聞いてひれ伏し、非常に恐れた。イエスは近づき、彼らに手を触れて言われた。「起きなさい。怖れることはない。」彼らが顔を上げて見ると、イエスのほかにはだれもいなかった。

（マタイによる福音書17－1～8）

この出来事もカラーナの次元で行われたのだろうと思います。モーセとエリヤはカラーナの次元まで下りてきて、弟子たちはカラーナの次元まで引き上げられたのでしょう。そうでなければ弟子たちにはモーセ、エリヤ、変容後のイエスの姿が見えたり神の声が聞こえたりしなかったと思います。

〝不思議な光〟にもいろいろな段階があると思われます。カラーナの上の、プルシャの世界は神霊の世界とも言われ、そこでは時間がなく、時間がないから、過去のこと、現在の時間、未来のこともみなプルシャの場所の中にある、と言われます。[7] ではプルシャの光はどのようなものなのでしょうか。

物理的世界の光子にイデア（原型）があるとしたら、そのイデアとはどのようなものであるかを探求するためにはより根源的と思われる〝不思議な光〟を探求しなければいけません。そのためには神人合一の体験をした人の言葉に耳を傾けるのが一番早道であると思います。過去に神人合一を体験された方は幾人もおられたでしょうが、その詳細を述べられている方は少ないと思います。覚者本山博先生はそういう貴重な方ですので、先生の体験を振り返ることにいたします。

4 本山博先生における神人合一の体験

人間の魂のもとはカラーナです。アストラルの世界では色や臭いといった、われわれが持っている五感と似た超感覚があるのに対し、カラーナの次元にはありません。普遍的な知的直観、知恵や形が、エネルギーを生み出すような世界です。カラーナの世界をさらに上に昇っていくと、悟りの世界が開けてきます。悟りの世界とは、個としての身体がなくなった世界であり、自分というものを持たない、つまり霊ではなく、一種の神様や神霊になります。こういう純粋精神のことをプルシャといいます。プルシャは無条件の愛と彼岸の智慧をもっています。プルシャの解脱の世界に達すると、物の世界の宇宙も霊界も無に等しくなるのです。カラーナの世界といった、人間存在の始原の次元すら完全に否定ができるように行ができないと、純粋精神の世界に行くことができません。

プルシャ（神霊、神々）との合一の体験の前には、初めに魔というふうな、或る存在を感じます――と言うよりは、自分が非常に深い、宇宙のブラックホールというか、真っ暗な暗闇の深い深い淵の際に立ったような感じがして、その中に引き込まれたら一切合切がなくなってしまうような非常な恐怖心、口では言い難い、もう行なんかやめようと思う程に強烈な怖さというか、そこで一切が消えてなくなってしまうように思われる何か、そういうふうな『何か』を見るのです。

もしそれを乗りこえられたら、まず最初に猛烈な白い光が見えます。

そういう白い光が見えて、この光が、非常に大きな力をもった或る存在、神様だという風に分かります。プルシャというか、神さまだというふうに初めは思うわけですが、次に、そういう光の実体が自分の中にずーっと入ってきたり、自分の中から流出したりするような経験が起きるようになります。

絶えず光っている、大きな雲の上に乗っているような感じで、そして自分が凄く光っている。現実に坐っている場所で坐っているのではなくて、かなり高いところで、光っている雲のようなフワフワしたものの上に自分が乗っかかって坐っている。そういうのを法雲三昧と言います。神様とのつながりは強烈なパワーを伴う経験で、たとえば太陽が千も一度に輝いたようなものすごい光と力の中に自分が溶けてしまうようになります。(7)

原初の〝不思議な光〟は神様そのものを感じさせる強い輝度と力をもった光であることが述べられています。この光は〝生きている〟光とも言えます。その光に包まれた者をしてそれがどのような状態かも悟らせるような光です。2～3世紀のインドの龍樹菩薩はこの光を無量寿光と呼ばれたそうです。

物理的世界の光子のイデア、つまり物理的光の元になっているもの、上流にあるもの、より早く創生されていたもの、としてはこのような光がふさわしいと思います。前述しましたように、光子は重力と強い核力と弱い核力も合わせた原初の力から他の力に連続して電磁気力の一部として派生してきています。強い核力や重力は光のようなものではありませんから光子のイデアにはなり得ません。原初の力も物理的な力に過ぎないので、その中に入り込んだとしても引き上げられると感じることはないと思います。ですから原初の力の中には光子的な要素はあっても〝不思議な光〟の要素は存しないと考えられます。従って〝力ある不思議な光〟＝無量寿光は原初の力（物理法則）より前に（上流に）存在していたはずです。そうしますと〝力ある不思議な光〟＝無量寿光は原初の力のイデアにもなります。こうして無量寿光は光子にとどまらず重力や強い核力や弱い核力のイデアでもあると思われます。宇宙の始まりとなった原初の力は物理的な力ですが、その力のイデアになった無量寿光は物理的な力ではありません。この両者の間には何段階かあっても不思議ではありません。

つまり量子論と相対論を統一した量子重力理論が完成してもそれはまだ究極ではないということです。そこをさらに上に上っていくと（おそらく）何段階かを経て、生きていて力のある光、無量寿光に到達するのではないかと思います。

以上をまとめますと、人間が修行をして物理的次元より深く、どんどん深く鎮まって行きますとついに神（創造神かどうかは不明）ご自身と思える強い光に出会い、その中に入って行きます。その光は量子重力理論で出てくる宇宙にある4つの力を一緒にした原初の力のイデアであり、原初の力の元になったものであろう、ということです。そして出会うその神が創造神であるとすればその光は原初の力の第1の元（原因）になったものであろうということです。

5　宇宙（時空）について

本章1で述べましたように現代天文学において宇宙はごく小さな、プランク長さと呼ばれる10のマイナス33乗（10^{-33}）センチメートル程度の時空として始まったと考えられています。そして始まりの直後にインフレーション期と呼ばれる、生まれたてのごく小さな宇宙が1秒よりもずっと短い時間の間（10^{-35}～10^{-34}秒）に急激な指数関数的膨張をする時期があって、10の40

乗倍とかの大きさに成長し（それでも現在の宇宙の大きさの1兆分の1）、火の玉（超高温のエネルギーのかたまり）宇宙になったと考えられています。

宇宙の始まりが何故可能であったのかは明らかでありませんし、インフレーションのメカニズムはどのようなものかもあまり分かってはいません。でも宇宙の創生を量子論に求めることは物理学的には自然であり、現在の科学的な宇宙創生論のパラダイム（支配的な科学的対象把握の方法）となっているようです。

これまでの物理学の知識を延長して考えれば、宇宙の始まりは、無であったとしてもその無は時空そのものが生成消滅を繰り返すような世界（つまり量子的な世界）であっただろうと考えられ、量子論と相対論が共に必要になる宇宙初期の極微の世界（時間スケールで言えば既述のプランク時間、長さでいえば既述のプランク長さ）を扱える量子重力理論（量子論と相対論を統一した理論）が完成すれば、答えが得られるのではないかと期待されています。時空そのものが生成消滅を繰り返すような世界からは量子論がもつトンネル効果などで宇宙は創生され得るとも考えられています。

しかしこの場合の宇宙創生のされ方は、とにかく量子論や相対論あるいはそれらの統一された理論が成り立っていることを前提に説明されるわけで、何故そのような法則が既に存在したたのか、そのような法則に支配される場が何故存在したのか、ということには答えられないのではないかと思います。統一理論の答えはある程度予測できます。量子論や相対論と質的に異なる結果は期待され難いと思いますし、〝不思議な光〟を説明できる理論にはならないと予想されます。

物理法則は美しいものです。アインシュタインの相対性理論の方程式や量子論のシュレーディンガー方程式、電磁気学のマックスウェル方程式などどれも美しい式です。しかしその美しさは誰にとっても美しいかというと、そうではありません。方程式が理解できる数学の教養がなければその美しさは分かりません。また美しいとは言っても知的に感じる美しさであって、人間存在が身震いするような激しい感動や心の底からの平安な深い感動でもありません。

ところが自然界の中であるいは現世において私たちは時として美しいもの善なるものに触れて、存在を揺り動かされ心の底から深く感動することはよくあります。それらは物理法則のもつ美しさではとても説明できないものです。

本章4で述べました無量寿光（〝力ある不思議な光〟）で宇宙創生を説明しようとすれば次のようになります。

初めに無量寿光の世界がありました。これは神ご自身でもあります。もし無量寿光の世界の前には空（くう）しかなかったのであればこの神は創造神ということになります。そこには時間がなく、もしその中に我々の精神がいれば自分は神だ、あるいは神と同化していると自覚できるような世界でした。この無量寿光をイデアとして（多分何段階か経て）微小な時空が創られることになりました。どこに創れるでしょうか？　その無量寿光の世界には広さの概念がなく（あえて言えば無限に広い）、その世界の外というものがありません。それゆえ何かを創るとすれば無量寿光の世界の内に創られなければなりません。従って無量寿光の世界の内に創られるものは、どのようなものでも（有限なものでも）、無量寿光と関連づけられざるを得ないはずです。機序は分かるはずもありませんが無量寿光をイデアとして（いくつかのあるいは連続的な段階を経て、最後に）極小の時空およびそこに内蔵された物理法則が創られました。そうしますと宇宙が膨張・進化していっても宇宙は常に無量寿光の内にあります。宇宙には次元がありますが、無量寿光の世界に次元はありません。次元のある世界は次元のない世界の中に創られているので、次元のある世界には次元のない世界がにじみ込んでる、あるいは充満していると言えます。無量寿光から時空が創生された時或いはその前に、プルシャという霊的世界が創られたと考えるのが自然だと思います（図11〈134頁〉の点線部）。それからカラーナやアストラルという世界が創られていったのではないでしょうか。

宇宙の進化の過程で知的生命体が宇宙に現れた時、その知的生命体の中には彼の生活史の中で自分の周囲の状況に飽き足らず、清くなりたいとか、純粋を極めれば自分はどうなるのだろ

図12:　宇宙の進化図

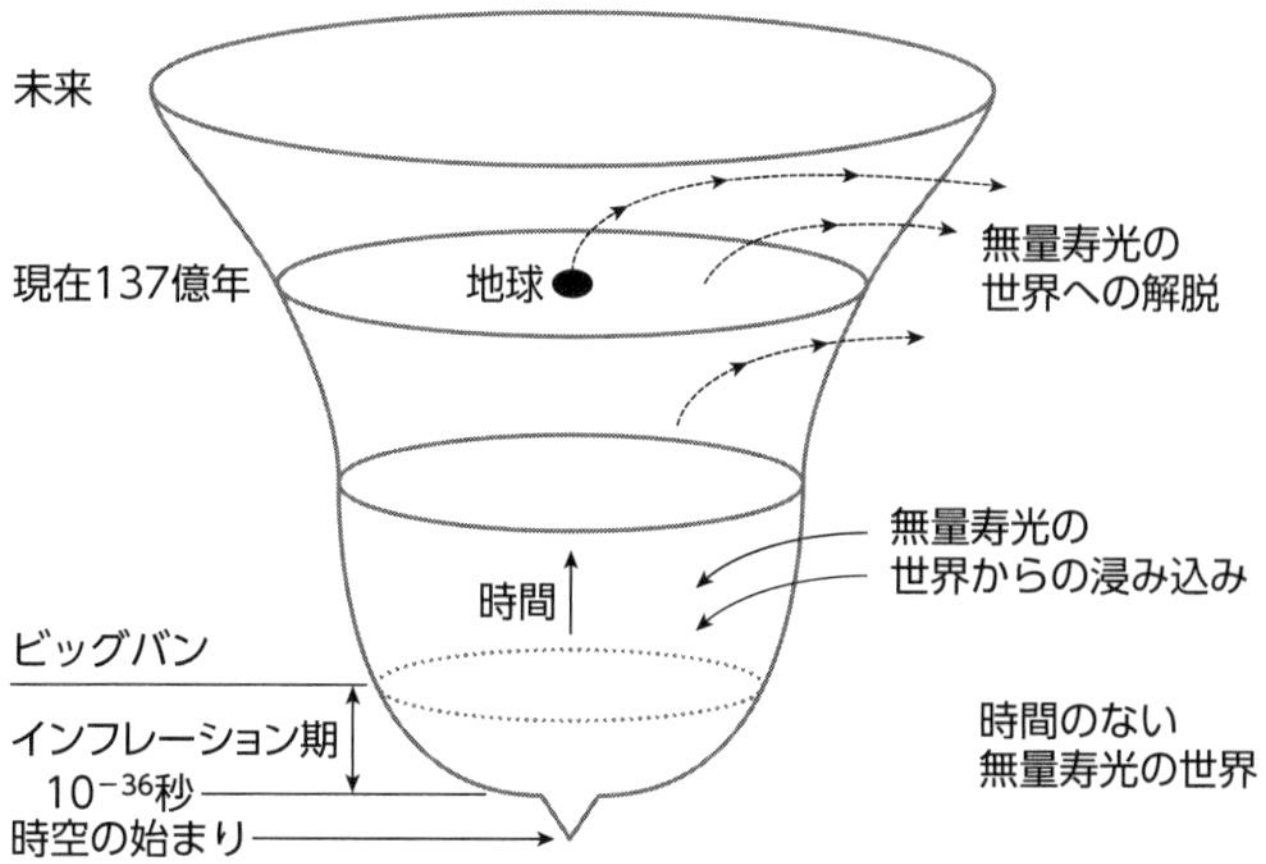

宇宙の始まりは無量寿光の世界である可能性があります。一方知的生命体（あるいは霊的生命体）からは無量寿光の世界へ移ろうとする動きが出てきます

うかとか、自分の存在の根本は何なのかなどと考えるようになる者が出てくると思います。そういう者たちはおのずから誘われるままに行（修行）をするようになります（図12）。すると彼らは無量寿光の世界からのしみ出しや無量寿光の世界からの係わりの手を感じるようになります……。実際には行を始める前から知的生命体はそのようなことを時に感じるものだと思います。何故なら知的生命体はその元々の起源を無量寿光に依っているし、実際に無量寿光の世界に浸っているからです。無量寿光の世界は自身が創り出した物理的世界の物理法則に干渉しないでしょうが、何らかの仕方で物理的世界を支えているかも知れません。そして無量寿光の世界に求めてくる者には物理的次元とは別の次元を通して応答するのではないでしょうか。図12は宇宙が無量寿光の世界の中で膨張していることが描かれています。各時期の知的生命体からは無量寿光の世界へ移りたいという動きがあり、それも図12に示しています。こうなりますと彼らはもはや知的生命体というより霊的生命体と呼んだ方が適切です。そして各霊的生命体はヨーガでアストラル、カラーナ、プルシャと呼ばれている世界を見出していくのでしょう。

時間・空間が量子化されるとおそらく時間や空間にはプランク時間とプランク長さ程度の最小単位のあることが明らかになるのではないかと思います。何故かと言えば、この物理的宇宙には無限ということはないように思うからです。もし時間が連続であれば、ある一定の時間（たとえば1時間）内に無限の時間があることになります。時間に最小単位があるとそのようなことにはなりません。これはいわば実数と整数の関係のようなものです。整数は無限にありますが数えられます。実数は数えることができません。宇宙の時間が飛び飛びの値をとるとしますと宇宙の歴史は有限の絵巻であり、無量寿光の世界に入った者は歴史を超越してどの時代の出来事でも紙芝居の絵を取り出すように取り出せることになります。

宇宙・自然・人生には虚しい側面があります。

「すべては空しく、すべては一つのところに行く。すべては塵(ちり)から成った。すべては塵(ちり)に返る」(コヘレトの言葉3－20)

「短く空しい人生の日々を、影のように過ごす人間」(同7－12)と言った古人もいます。

宇宙はほとんど無のような状態から創られましたが、それは宇宙の最初のエネルギーがほぼゼロに近い状態から出発したということです。そうするとエネルギー保存則によって、その後宇宙がどんなに指数関数的に膨張しても加速膨張しても宇宙のエネルギーの総和はほぼゼロのままです。現在宇宙には物質やその運動によって正のエネルギーが満ちているように見えますが、同時に存在する重力場(宇宙の中では空間的にほぼ一様であり、ある意味で負のエネルギーをもっているとみなせます)などの負のエネルギーとちょうど同じ大きさであり、宇宙全体としてのエネルギーの合計はほぼゼロのままだそうです。宇宙創生最初期のインフレーション期にも微小な時空を大きな火の玉宇宙にした真空のエネルギーと呼ばれているものを相殺するような負のエネルギーの増大があったはずだと思います。

無から創造されたものは、時間内にある限り虚無に貫かれており、それ自体としては跡形もなく過去へと消えていくというアウグスチヌスの印象深い言葉があります。[9] このことは宇宙にも言えることでしょう。現代天文学によれば、宇宙は現在加速膨張していますが今後も加速膨張を続け、遠い将来時空自体が引き裂かれ（ビッグリップと言います）、銀河も星も何も構造が残らなくなると予想されています。

そういう宇宙であっても、もし無量寿光の世界から物理的世界に滲み出しないし係わりの手[8]があり知的生命体にとって無量寿光の世界へ行く方法があるのなら宇宙・自然・人生は本当に充実そのものになります。

般若心経の世界は無量寿光（これは元をただせば空とか創造神ということになるようです[10]）とその中に漂っている物理的世界のことを謳っているように私には感じられます。般若心経には「色不異空　空不異色　色即是空　空即是色」とあります。色（現象界）は自身を否定すれば空（絶対無＝絶対有）になり、空は自身を否定して色になる（これを『即非の論理』と言います）ということのようですが[11・12]、私の言葉で言えば、物理的世界は無量寿光に浸されていてその本質は無量寿光に起源をもつものであり、無量寿光は物理的世界になれるものである、ということになります。般若心経は、無量寿光の中に漂っている物理的大宇宙に対する無量寿光からの励ましを謳っているように私には思われるのです。

私が30歳頃のことです。大学病院の廊下をゆっくり歩いている時に、急に原子の世界に入り込んだような気持ちになりました。原子核の周りを電子が飛び回っているのですが原子核からはとても遠く数も少ないのです。要するに原子核の周りはとてもスカスカなのです。私たちは虚しい世界に住んでいる、ということをしみじみと実感させられたのです。私はすっかり落胆してしまいました。そのうちその幻影のようなものの中で遠くに充実していてかつ明るい世界が卵円形の形をとって観えたのです。この世は虚しいがこの世を突き抜けた先には充実した明るい世界（＝彼岸）があるのだということを視覚的に納得したのでした。その3、4年後私は別の病院の廊下を歩いていた時にも全く同じ体験をしました。その頃はまだ般若心経を知りませんでしたが、後年般若心経をそらんじるようになった時に、あの時の2度の体験を自然に思い出したのです。

引用文献

(1) 岡村定矩・池内了・海部宣男・佐藤勝彦・永原裕子 編：シリーズ現代の天文学 第2版 第I巻 人類の住む宇宙　日本評論社　2017年　58、114-121頁
(2) 押田成人：押田成人著作選集1　深みとのめぐりあい―高森草庵の誕生―　日本キリスト教団出版会　2020年　82頁
(3) テレーズ・マルタン：幼いイエスの聖テレーズ自叙伝　東京女子跣足カルメル会訳　ドン・ボスコ社　2018年　101頁
(4) パラマハンサ・ヨガナンダ：あるヨギの自叙伝　森北出版　1983年　506頁
(5) プラトン：国家　第7巻　藤沢令夫 訳　岩波文庫　1979年
(6) 本山博：神秘体験の種々相―自己実現の道―　宗教心理出版　1995年　263、180―184頁
(7) 本山博：神秘体験の種々相Ⅱ―純粋精神・神との出会い―　宗教心理出版　1999年　21～23、49～54、74頁)
(8) 押田成人：遠いまなざし　地湧社　1983年　61-64頁
(9) クラウス・リーゼンフーバー：クラウス・リーゼンフーバー小著作集Ⅱ　真理と神秘―聖書の黙想―　第4章 虚しさとの戦い　智泉書館　2015年
(10) 本山博：前掲書（7）　142-146、207-111頁
(11) 本山博：前掲書（7）　146頁
(12) 本山博：存在と相互作用の論理　宗教心理出版　2005年　130頁

Ⅵ章

これからの学問

21世紀の人類が抱えている最大の問題は20世紀に開発された核兵器とこれから勃発する可能性の高い第3次世界大戦です。小さい確率で大きな彗星の地球への衝突なども起こり得ますが、外部に原因のある惨事については人類に責任がありません。しかし人類の内部から発生してきた惨事については人類に責任があります。核兵器使用や戦争は人類の内部から発生します。

人類はなぜ原爆製造、続いてその使用が可能だったのでしょう？　その後もこれら核兵器が増え続けているのはなぜでしょう？　なぜ広島・長崎の惨状を見てもなお原爆・水爆製造に走ったのでしょう？　今では多くの国々（2022年現在9か国）が大量の核兵器を保有するようになりました。今や地球上には1万発以上の核弾頭があると言われています。そのボタンは一部の国家指導者たちの手に委ねられているのですが、彼らの全員がいつでも聡明であるとか精神・知性が透明であるとは言えません。

戦後人類が夢をもつことができるようにと、宇宙への探求・進出は始まったのではなかったでしょうか？　でも今では宇宙軍の創設とか偵察衛星とかミサイル迎撃システムの構築などという地球全体を監視し、いつでも相手国を攻撃できる体制にしておくことが大きな目標になりました。そして場合によっては瞬時に人類を破滅させることができるような状況に人類は自ら陥ってしまいました。戦争は民族や国家のために勇敢に戦う勇気ある者たちが刀をとって戦うわけではなく、ゲーム感覚でボタンの早押しをする、さらにはそのようなことをＡＩ（人工知能）

に委ねるということになって来つつあります。

原爆も最初は、「それによって世界大戦が早く終息するのなら」とか「1度投下すれば人類は2度とこうした原爆を使用することはないであろう」という言い訳によって投下されましたが、その後も人類はさらに愚かな方向に進んでいったのでした。人類はどうしてこのような歴史の道を歩むようになったのでしょうか？　研究の自由の名のもとにどうして科学技術が無反省に進歩？（倫理的には明らかに退歩）していくことができたのでしょうか？

デカルトの『方法序説』（1637年）以来自然科学は目覚ましい発展を遂げてきました。現在の科学の状況をデカルトが知ったら、科学および科学技術の発展の速度に驚倒することでしょう。しかし同時にデカルトは、自分は真理を追求することが科学の使命だと思っていたのに、とてもおかしい状況になっている、ということにも気づき大きく落胆することでしょう。

人類はなぜ原爆を製造したのか、なぜ使用したのか、その後も核兵器を開発し続けたのはなぜなのか、その最も深層の原因は何なのか、それを解決する方法はあるのか、あるとすればどのような方法なのか、ということは深く掘り下げて探求する必要があります。しかも早急にする必要があります。

この問題を深く洞察したのが押田成人師です。押田師の洞察を私流に解説しますと以下のようになります。

まず現在の自然科学について押田師は次のように述べます。

自然科学はものごとを抽象化して考えます。そのために自然科学の基礎には人間特有の道具があります。第一に論理。論理は、観察者と対象を別にします。観察者は対象でないといいます。故に科学者と哲学者は、観察者と対象との境界を何処に置くべきかと議論をします。実際には両者は互いに含み合って存在していて、区別できないのに。

更に観察という手段だけではなしに、こちらから干渉して、その結果を観察するという方法を用います。それを実験と呼びます。しかしそれは自分の立場からの干渉なのです。こうした実験の根底には、傲慢になった人間の醜悪なながめがあります。それは、観察対象を被造世界全体から切り離した、抽象的物質的な対象としてのみ眺めるながめです。

実際は、如何なる存在も被造世界全体の中で響きあってのみ存在している生きものなのです。被造世界全体が、それぞれの中に、それぞれの仕方で運ばれています。故に、被造世界全体を知ることなしに、この対象を知ることはできませんし、被造世界全体の、そして一つ一つの存在の存在理由を味わうことなしに、この対象を味わうことはできないのです。

第二に数学。存在するものは、どれをとってもかけがえのないものです。同じものは一つもありません。故に、数えることはできないのです。数えられるものは、人間の製作物の他には、何一つ存在していません。数えるということも、論理と同じく、人間の一つの見方に過ぎないのです。

第三に幾何学的発想。人間は、直線だとか、三角だとか、丸だとかを考えます。しかし自然の存在の中にはそのような形は一つもありません。それは、人間の抽象的な見方に過ぎないのです。たとえば微粒子の世界にそういう構図を投げ込むというのは、滑稽なことなのです。抽象的な考えは抽象的なことばで行われます。ところで、ことばには大きく二種類あります。コトことばと理念ことばです。

赤ん坊が発声する音声は「ア、ア」です。「マンマー」のようなことばは赤ん坊の全実在を表現しています。これは世界中同じで、このようなことばが本当のことばです。こういうことばを日本では「コト」と言います。「コト」は同時に「事」と「言」を意味しています。「出来事」と「言う」ということは切り離せません。[1]

このような言葉を押田師は「コトことば」と呼びます。〝存在をそのまま響かせることば〟と言ってよいと思います。解剖学者の三木成夫先生は、幼児が何かの類似を探す思考（たとえば初めて窓の外に本物の小鳥を見て、室内の小鳥の置物を指さす）を象徴思考と言いました。あるいは象徴思考は目に映った感じを言葉の響きに置き換えて言い表すことといってもよいでしょう。たとえば中秋の名月に月が雲に隠れました……その時幼児が「オツキサン　オウチカエッテ　オネンネ」と言いました。子供の目には実際そのように映ったので、そのように言うよりほかありません。大和民族はまさに世界に冠たる象徴思考の民族で、とくに「ヒビキ」を大切にします。[2]——これは押田師のコトことばと同じです。

もう1つの言葉は理念ことば（押田師）とか概念ことば（三木成夫先生）とか呼ばれることばです。理念ことばは1つの意味、あるいはそれに類似したような意味を響かせている1つの意味ことばです。小学校へ入る前は、子供はまだコトことばの世界に生きていますが、小学校へ入ったとたんに理念ことばの世界になっていくのです。

理念ことばは、意識の次元で存在の響きをもっていますが、コトことばは、存在の奥底のありがたい世界における安らぎの響きをもっていることばであり、存在ことばと呼ぶこともできます。

言葉というものはヨーロッパのギリシャ、ローマ以外では本来全部がコトことばでした。ギリシャ、ヨーロッパの文化系統ではどうしてか意味ことば（理念ことば）が中心になっていきます。教育が発達して、文法を整理してから全部意識だけの言葉になったのです。意識の世界というのは現象をみて、現象だけと対話することであり、やはりそれは自我を表現する世界です（著者註：近代科学はデカルトの「我思う、ゆえに我あり」から始まったとも言えます）し、説明を求める世界になってしまうのです。そんなところには存在の奥からの響きは届きません。[1]

縄文土器の世界は世俗と敬虔なる信仰の世界との区別のない世界、霊的なものと物質的なものとの区別ができない世界、自我を全く感じさせない世界であり、それはコトことばそのものの世界です。存在感覚で生きている世界と言えます。縄文土器は存在次元の世界、一方弥生式土器はもう意識の世界で技術は精巧になるけれど、感覚が意識の世界です。つまり日本も中国の文明と接触が始まるとその文明に吸収されていきました。さらに西洋の文明と接触してからその文明に吸収されて、コトことばの世界が消えて行ったのです。[1] このようにコトことばの世界は自我というものがない幼児の世界や太古の世界にはあったのです。

科学は理念ことばを中心にしています。理念ことばは上述のように抽象化され意識化された言葉であって、人間の本当の言葉ではありません。ヨーロッパで、学問という幻想が、ことばの神秘の根を断ち切ってしまったのです。対象を我とは別のもの、関係のないものとして扱うので、出て来た結果や理論は我と含み合うことはなく、独立したものなのです。だから我はそれに責任を感じなくなります。一方我は自意識中心に生きることを余儀なくされるので、存在の不安に追われて、常に考え、常に行動しないといられないようになります。何でも人間はやる可能性がある、やってもいいのだというのが精神の根本に出てきて、存在の神秘の感覚がな

くなっていくのです。(1)

科学における観察者と被観察体との区別は、意識中心的抽象的区別にすぎませんが、その区別を論理的に固定し、そこに、論理的操作や、数式的道具をいくら適応しても、出てくるのは、ある種の相対的出会いであって、存在の全貌などは現れて来ません。この理念的学問という怪物の本性は、今や、原子兵器となって、その顔をあらわにしました。分からないことを、分かる、として違っているのではありません。理論が間違っているのです。理論が正しくて応用が間違ってしまっているだけです。コンピューター的社会になってきてあまりにも人間が阻害され、だからこそそれに対するかけがえのなさというものもなくなってきて原爆も平気になってくるのです。社会主義だとか、人権だとかいうことになって、それが自我中心の意識の世界に入ると、権力に利用されるようにもなるのです。(1)

こうして断崖絶壁に向かって突き進むことになった現代文明はどうすれば良いのでしょうか？　押田師は続けます。

今の文明は、人間の全体じゃない、表面層のごく一部なんだ、という自覚が大切です。論理を超えるもの、人間の深み、人間そのものの存在の神秘というものに新しい地平を求めていかざるを得ません。

理念ことばの根はコトことばです。コトことばの世界というのは、俗と聖との区別のない世界に発生をもっています。そこに帰る以外に人類の未来への足場はありません。現代人には、どの存在も持っている、その存在特有の存在感覚、というものがありません。どの存在も、その存在であるところの平安を持っているものです。本当に存在すること、そのために、どのように存在するかということを思うことが大切です。

理念ことばから出て、その根源に帰って行くと逆に、底にあるものが観えてきます。祈るって何だろう？　となります。イは息だ、イノルはイキにのる。イキってなんだろうと思って、宗教的に本当に何か味わいをもって生きている人に聞いてみると、たとえば「イキは私たちの息でもあるし、神様からの息吹きでもある」と言われて、そうだよって私たちをさそう気があります。[1]

ヒトとは霊が止まる、あるいは火が止まると書くのですが、本当にひとになる時というのは、ありがたい世界が中心になって、そこが動いていて、それを意識が時に受けとめて、いただかせられているという姿がひとなのです。

人間は、多層構造の不思議な存在です。人間の存在中心は意識にあるのではなくて、思わぬ程深いところにあります。その人間の存在中心に向かうために、意識のワクを抜く方法として、さまざまな宗教的行の工夫が昔から行われていました。これらを神秘伝承といいます。沈黙を深めるというのも一つの方法です。沈黙を深めていくなら、コトことばに敏感になり、さらに沈黙が深められるなら、出会いのことばに近づきます。

人間が透明になり、単純になり、謙遜になっていったときに、つまり深みに向かって開かれていったときに、自ずからの感覚が、次第に円熟して現れてきます。深みに開かれた単純な人間の場合、たとえば（山野草の）ワレモコウと自分というものを区別することのおろかさを感じ始めます。存在の次元では私とワレモコウは含み合っていて区別することはできません。ワレモコウの中に我あり、我の中にワレモコウあり。ワレモコウに「ことほぎ」を受けているのです。感応同交の世界です。この感覚の中で人間が人間らしくなります。そういう世界に一層はっきり仏様の響き、神様の響きが現れるのです。[1]

この宇宙の存在で、独立して自分だけで存在しているものは一つもありません。存在そのものが他の存在群から孤立していることはあり得ないのです。宇宙の存在はすべて存在として互いに含み合っています。もとは人間というのは、一人ひとりお大切なんだ、ありがたいかけがえのない存在だ、ということに思い至ることが必要です。学問の本当の意味は我々の理解を超えた向こうへ行く窓を広げる、というのが本来のねらいであった筈です。

存在の中心が深みに移るにつれて、深みからの有難い光を受けるようになります。存在の、かけがえのない、一期一会のすがたを味わうようになります。

そうすると知られざる深みからのものに誘われるようになります。意識も下部意識も雑音から十分に浄化されて、存在が透明さに貫かれたときに何が起こるでしょうか。神の声を聞くのです。未生の境涯との出会い、わたしたちの沈黙の神の沈黙への変容、自己解放が行われるのです。人間はこういったことにあずかり得るのです。[1]

以上が押田師の答えです。

本山博先生も次のように述べています。

数学は或る対象の内容やら性質等を捨ててしまって、事物間の関係だけを問題にします。内容はどうでもいいのです。たとえば私もここで一個の存在、机も一個、時計も一個、この紙も一枚で、そういう数の上でみれば私の身体も、一、二、三、四、五というふうに数えられるものの一つなわけです。そういうふうに内容を抽象して退けてしまったところで、一と一とのつながりも、(1 + 1 = 2) になるというふうに、全く抽象化された物の関係だけを問題にするのが数学ですが、そういう智慧では本物の智慧は出てこないのです。[3]

さらに、

科学の場合心の働きは知性の働きによって認識された一つ一つの自然現象の記述の中には一切入ってきません。つまり我々が知っている科学というのは、心がありません。本当は心があって科学が成り立っているのですが、心が物に対して影響することとかは一切考えないで成り立っています。心の物に対する影響というものはないものとして、一応科学は成り立っています。ですから、今の科学は心が不在の科学であって、ただ物についての知識に過ぎません。

物に精神集中するとすれば、物と心という存在が、お互いに干渉し合いながら、そして重なり合って自然にこれが一つになっていく過程が、宗教の修行なのです。

この意識、この自分の身体にくっついて動いている心、つまり意識の枠を、何かの対象に意識を集めることによって破っていく、今ある自分の枠をだんだん破っていくと、いつの間にか物の世界をも直観ができる、或いは物の世界をもコントロールできるような何かに、自然に変わってきます。

今の自分が空化されるといつの間にか自分が相手をも包み込めるように自然に大きくなっています。

そうすると今度は、その世界なり存在なりに対立している自分を空化する。つまり今の自分を否定することによって、今ある自分と対立しているものと一つになるような、全体を包む何かになってゆく。こういう形を通して、いわゆる悟りというものがだんだん開けていくのです。そして最後は絶対の空に行きつくことになります。(4)

上記お2人の表現は同じ方向を向いています（「含み合い」も「空化」も同じ方向です）。しかも体験に裏打ちされています。人間は存在次元を深めていくと、周りを包み込んでいくものだ、含み合ってくるものだ、それと共に意識状態が変容しさらに深化が進み、より深く広く周りとの包み込み・含み合いが起こり、自己は否定されながら存在は拡がっていくものだということのようです。この過程の繰り返しが修行と呼ばれるものですが、この過程によってはじめて誤解することなく自然を理解できるようになっていくと思われます。科学者はこうして把握された自然には寄り添っていくでしょうから、自然を破壊することはありません。つまり正しい自然科学の探求には自分自身の単純化・純粋化・空化、そのための修行が欠かせないということです。

これからの学問で大切なことは、我と離れたところの（従って我が関わり合いを感じない）学問にならないこと、つまり抽象的にならないこと、単純であること、（人間存在の）深みに向かうこと、我々の知性のみでなく存在全体から見て合点・納得するようなものであることが必要なのではないでしょうか。そのことを別の言葉で言えば内面に向かう学問、存在を深めつつ行う学問ということになると思います。

人間存在は物理的次元だけでなく、非物理的次元（つまり霊的次元）に何重にも拡がっています。そのことを学問として探求することが今の時代にとても望まれています。秘義としてではなく、学問として、みんなに共有されるものとして発展させることが大切です。人類は物理的身体だけでなく、霊的身体においても驚くほど同じ構造・働きをもっているように思います。このことは人類が霊的にも全員一緒に進化していくものだということをあらわしています。

人類進化の方向は、人類の形態変化でも脳容積拡大の方向でもなく霊的進化の方向だということです。霊的進化のためにはこれ以上の脳の進化の必要はありません。実際に霊的であることと知性的であることとは相関していないと思います（霊的な人は霊的であるということからくる知性をもっていますが、知性的な人が霊的であるとは言えません）。構造は脳によって決められているわけではないからです。人間存在の多重次元

霊的進化の方法は各種宗教や各種神秘伝承によってそれぞれ異なっているでしょう。そしてそういう伝承のもつ体系的なものだけでなく各個人や各民族の習慣・風習の中にも体系だってはいないけれども優れた方法はあるでしょう。これらの中でヨーガの教えは系統だっていてか

つ具体的でイメージしやすく理解しやすいので、これを足掛かりに探求していくのはよいことだと思います。思考の外、理性の外に出ていかなければ存在ということは分かり難いので、何らかの行は欠かせないのではないでしょうか。そして生活そのものを行としても良いはずなのです。

モノ、自然に関することでさえ物理的次元に留まるだけでは深い理解が難しいのです。霊的次元のこともある程度把握してそういう立場からも自然を見ることができる必要があります。2次元の世界に住む者にとっては3次元の世界のことは理解が難しいけれど、3次元に住む者にとっては2次元の世界の理解はやさしいのと同じです。

他にどのようにすれば霊的次元を探究していくことができるでしょうか。

Ⅲ章で述べた経絡からアプローチする方法があります。

修行者・宗教者の中には経絡とか経穴の存在を我が身に自然に感得する人がいます。たとえば押田師は香港滞在中に腰痛で歩けなくなりました。その時中国の伝統的医術の師、豫園の小さな病院の医者に診てもらったところ、10分ほどして、押田師の腰痛の原因が、背骨の或る場所にあることを示しました。さらに5分して、その場所の悪い原因は、押田師の右肩にある、と明言しました。それを聞いて押田師はハタと手を打ったと言います。成程そうに違いない。

20年前、右肺の一部剔出は、こじれ切った肺のために、予期しない結果となった。……術後15年間、睡眠中の油汗で、寝布団はいつもじっとりとし続けていた。右肩の筋肉が骨のように固くなっていて、そこを揉むと、必ず病気になっていた、と気付かれたのでした。[5] この時から押田師は経絡に関心をもつようになったとのことです。

また本山博先生はインドのアンゴラ大学に客員教授として招かれて生理心理学、超心理学の集中講義をしておられた頃、インドの辛い食物、暑い気候と多忙のせいで胃潰瘍になられました。その時に、胃が痛むと必ず両膝下前面の少し外側（経穴でいえば足三里のあたり）が、上から下にかけて痛みが出るのを経験し、それがいわゆる経絡の胃経に沿っていることに気付かれました。[6] それがきっかけになって先生の膨大な経絡についての研究が始まったのでした。

経絡は全身にわたって分布しているために経絡を理解するためには全身を診る必要があります。存在は全体で1つです。人間存在は多重次元であるとしますと物理的身体全体が、霊的次元の身体、たとえばアストラル体の全体やカラーナ体の全体と対応しつつ存在しています。神経系や経絡はチャクラと関係深いのです。チャクラは物理的身体次元と霊的次元との1つの接点です。従って神経系や経絡は霊的次元の1つの入り口になり得ます。

西洋医学では各臓器別に専門的に研究します。しかしどんなに局所的に研究しても全体のことは把握できません。たとえば肝臓学の権威と言われる人は物理学的・解剖学的・生理学的・

生化学的・微生物学的な面からは臓器としての肝臓がどのようなものかには詳しいでしょうが、そのことと人間存在とはどのようなものか、ということは結びつかないのです。そのあたりに専門化・専門家の弱点があります。これからは全体を見る学問が求められます。

ヨーガでいうアストラル体やカラーナ体のことは既にある程度学問的に探究されています。たとえばある霊能者において精神集中によるチャクラからの光の発生を確認したという本山博先生の研究は、客観的研究としてはその最初のものであるように思います。[7] この研究は、真っ暗な部屋の中に坐った被験者の前方にポリグラフとビデオカメラを置いておき、被験者を撮影している状況で被験者に眉間のアジナチャクラに精神集中を促しました。そうすると臍の辺りとか心臓や眉間の前、丹田の辺りから瞬間的でシャープな光が検出されました。光の発生する所は常に臍の下、スワディスタナチャクラの前面数センチの所で、くるくる出てきて、上昇していきました。自然発生的無意識的に霊的エネルギー、ここではアストラルのエネルギー、が光のエネルギーに変わったと推測されました。それ以上のこと、つまり霊的エネルギーが光に転換したのか、霊的エネルギーが原子内の電子を励起した結果の光の発生なのかは分かりませんでした。

その他の研究として次のようなことが挙げられます。チャクラの目覚めは、それと関連する特定の経絡機能の大きな変化を生ぜしめます。これらの経絡でAMI測定値の左右差が大きくなることも明らかになってきました。[8] チャクラの働き（これはアストラル次元に属します）と物理的身体における現象との間に対応があるのです。

正しく行われる心霊手術や心霊治療は、人間の多重次元構造と深くかかわっていますから、[9] 心霊手術自体や心霊手術のメカニズムの研究も存在のもつ多重次元構造の探究に役立つと思われます。

インドや日本で本山学[10]と呼ばれる本山博先生の始められた、アストラル・カラーナ・プルシャという次元に至るための学問はこれからの学問の1つの方向性と言えます。通常の科学を水平の科学と呼ぶとすれば、そのいわば彼岸へ向かう学問のうちでも科学的な領域のことを、本山博先生は「垂直の科学」と呼びました。[11]

物理的次元を離れて次元を深めていくとして、最初のうちはことばや数学によってある程度の説明をすることができるでしょうが、或るところ（たとえばカラーナ次元）からそういう手段が使えなくなる地点にくるでしょう。でも自分の体験や発見を人に伝えることのできる、ことばや数学以外の新しい方法は見つかるはずだと私は思います。それでしばらく進んでいけます。でも最後のところ（たとえばプルシャ次元）では他人に伝える方法などあるはずがありません。各自が体験していくしかないのだと思います。そのような学問において安心して進んでいくために気をつけるべきことがあります。それは傲慢、虚栄、ちっぽけな自負心から遠く離れていること、探求とともにまことのへりくだりが自然に湧いてきていること、栄誉や多大の金銭を求めることなく人類の真の幸せを求めていること(1)、を常に確認することです。これを怠ると悪がしのび込んでくる可能性が高いのです。

この過程がV章の宇宙の進化図（図12〈154頁〉）の中に描かれている知的生命体から無量寿光の世界への進化の過程に相当するのです。この時には知的生命体は霊的生命体と呼ぶのが正しいです。この過程を援けてくれるのが物理的世界への無量寿光の沁み出しないし充満であります。押田師のことばを借りれば次のようになります。

自然は如何に深く静寂であり安らかであるかを悟る。そこに聞く声は、存在の根まで解(ほご)しを与える。……法の実体は、心身脱落した者の中に見られる、神の恵みの実りのすがたである。神の声に従って、神の風によって生きる者の中に現れる、言い難き生命の姿である。(1)

最近は宇宙論学者、進化論学者、脳神経科学者などの著作がよく世界的ベストセラーになります。人々の科学的知識に関する関心がとても高いことを反映していると思います。でも残念ながらこれらの書物の著者は物理的世界に関心が強過ぎてその世界しか見ようとしないために、簡単に霊的世界を否定します。彼らは言います。

「宇宙に始まりがあるかぎり、宇宙には創造主がいると想定することができる。だがもし、宇宙が本当にまったく自己完結的であり、境界や縁をもたないとすれば、はじまりも終わりもないことになる。宇宙はただ単に存在するのである。だとすると、創造主の出番はどこにあるのだろう？……[12]」

「神という妄想[13]」

「宇宙と、宇宙に存在するすべての物に対する、唯一の、そして合理的で論理の一貫した見方を素直に求めるのであれば、不死の魂という昔ながらの考え方は捨てなければならない。……私たちは世界をあるがままに見ることを学ばなくてはならない。……

今日の知識社会では、あらゆる出来事は究極的には物理学に還元できるという『物理主義』が幅を利かせている。物理主義では、すべては空間、時間、物質、エネルギーで説明できると考える[14]」

無量寿光の浸み出しないし神の係わりの手と呼ばれるものからくるのであろう神秘体験や宗教経験、〝不思議な光〟の体験を人類はしてきましたが、現代の科学者の多くにはこの体験が弱いように感じられます。体験をする人としない人との違いは何に由来するかということも大切な課題です。科学をよく知っている人たちも納得させることのできる説得力のある学問を構築するためには彼らの批判は大切です。批判を乗り越えようとするところに学問発展の糸口もあるからです。

このまま人類が核兵器による絶滅への道を歩んでも宇宙は困らないでしょう。宇宙には人間よりも賢明な知的生命体（というより霊的生命体）が夥しく多くいると思われるからです。困るのは人類であり、地球です。

宇宙は広大です。1兆個の銀河があると言われ、各銀河には我々の天の川銀河のように平均約2000億個の恒星があると言われています。また惑星は恒星の数の数倍と言われています。従ってこの広大な宇宙にはたくさんの知的生命体が存在するだろうと想定されています。その理由は私が考えるところ以下の通りです。

第1に、巨視的に見ると宇宙のどこから見ても宇宙は同じように見えるでしょう（宇宙原理）。物質密度は空間的にほぼ一様であり（一様性と言いますが実際には多少の濃淡があります）、どの方向を見ても等方である（等方性と呼ばれていて、これはかなり正しい）とみなしてよいとされています。従って元素組成も宇宙のどの部分も均等であり、従って地球と同じような元素組成をもつ惑星も均等に分布していると考えられます。恒星から適当な距離を保った惑星の分布も均等であり、生命誕生の確率も均等に分布していると考えられます。これは宇宙論者の一般的な考え方です。その確率は不明ですが、たとえば以下のような考え方も可能です。

天の川銀河には少なくとも1個の知的生命体はいるわけですから、各銀河にも少なくともその程度の確率で知的生命体が存在すると考えることができます（ある推計では銀河系における知的生命体は約２００と見積もられています）[15]。そうしますと宇宙には1兆個（あるいは約２００兆個）もの知的生命体が存在することになります。

第2の理由は現生人類繁栄の偶然性です。ヒト属にはハイデルベルグ人やデニソワ人やネアンデルタール人などがいますが彼らは全て絶滅し、現生人類のみが残りました。地球の最後の文明を築くのは彼らでもよかったはずなのに彼らではありませんでした。そのことに理由はあるのでしょうが必然でもなかったと思います。そのように考えると我々人類の存在理由はあやふやでありおぼろであり不安定なものです。容易に絶滅しても不思議ではなかったし、宇宙にはこのような存在はありふれていると考えられます。

第3の理由は人間の虚しさです。人間は愚かで浅はかで、あっという間に消えてしまう存在です。少なくともそういう側面をもっています。宇宙から地球を見た宇宙飛行士の中には「宇宙の中で地球は心細げに漂っていた。わが地球をいとおしいと思った」と述懐した人がいます。その地球の上に生きている人間です。地球よりもっと心細い存在なのです。

私には自分の身体ははかないものだ、何故自分がいま活動できているのか分からない、と思う瞬間があります。このような脆く虚しく見える知的生命体が宇宙にたった1つしかいないとはとても考えられません。むしろ夥しくいると考えるのが自然であると思います。たとえば1兆個という数字は人間には大きく見えても宇宙にとっては小さなものです。

第4の理由は以下の通りです。人類は霊的進化をしてきました。そのことは釈尊やキリストなどの出現をみれば明らかです。宇宙の中の1点で霊的進化が可能であるということは、それは宇宙の中のどこででも条件が整えば霊的進化が可能であるということです。いやむしろ宇宙はその進化の方向として霊的進化の方向へ行くだろうと考えるのが妥当だと思います。そして宇宙が全般的に霊的進化の方向へ行くとすれば、宇宙は霊的な存在ということになります。

ところで人類の生活に関係する銀河は、天の川銀河の他にはせいぜい隣のアンドロメダ星雲ぐらいです（もっとも地球の組成や形成などには広い範囲の銀河が関与していますし、夜空を楽しませてくれるという面では今も宇宙全体のお世話になっていますけれど）。ですからそれ以外の星々は人類にとって今やそれほど必要ではありません。でもそれでは霊的進化の方向に向かう宇宙にとっては非能率・不本意です。それゆえ銀河の1～2個に少なくとも1個の霊的生命体が存在するだろうと考えられます。

宇宙には多くの知的生命体が存在して、それぞれに霊界をもっていて、この有限の宇宙から時間のない永遠の生命に与りたいという希望のもとにそれぞれの星に与えられた状況のもとでいろいろな方法が模索されているのだろうと思います。そしてその星に合った宗教が出てくるはずです。もしこの時間のある世界から時間のない絶対の世界への移行を可能にする道なり宗教なりが、それぞれの知的生命体の惑星にあるのなら、宗教というものはまったく相対的なものだということになります。言い換えれば絶対的に正しい宗教というものは存在しないということですし、それぞれの宗教の善いところは尊敬されるべきですし、また無宗教ということもその目指す方向が正しければ同様に尊敬されるべきであるということです。地球上でさえ多くのまともな宗教があります。宇宙の宗教においても絶対の神とか仏とか空に還る（つまり宇宙の始まりの前に還る）という目的は同じはずであり、その方法が惑星や知的生命体や風土などによって異なっているだけだとも言えます。実際異なる宗教であっても、自分の全存在を各自の信じている神仏に委ね切っている人のこの世の最期には、常人に見ることのできない感動的な姿が等しく現れてくることはよく見聞されるところです。

宗教は相対的であるとしても知的生命体と無量寿光・創造主・空とは絶対的な関係です。知的生命体は時間の世界に住んでいますが、無量寿光・創造主・空は時間のない世界だからです。時間のある世界から時間のない世界に知的生命体が自力で移ることは不可能です。時間のない世界からの係わりの手ないし引き上げがないと移ることはできません。宇宙の各宗教における無量寿光・創造主・空からの係わりはそれぞれに神秘なはずだと思います。

愛おしい地球に生れた私たちは母なる大地を大切にし、感謝しつつ、大地・地球・宇宙と共にまっすぐ霊的進化をし、時間のない世界に共に還っていきたいものだと思います。

引用文献

（1）押田成人：押田成人著作選集2　世界の神秘伝承との交わり―九月会議―　「六　現代文明と受難」　日本キリスト教団出版局　2020年
押田成人：九月会議　新しい地平のための基本的ながめ　思草庵　1981年
押田成人：押田成人著作選集1　深みとのめぐりあい―高森草庵の誕生―　「日本文化の根、縄文文化との出会い」　日本キリスト教団出版局　2020年
押田成人：祈りの姿に無の風が吹く　「霊的なもの、かけがえのないもの」　地湧社　1985年
押田成人：遠いまなざし　「Ⅱ生き方を知るための基本点」　地湧社　11983年

(2) 三木成夫　内臓とこころ　河出文庫　2013年　131-139頁

(3) 本山博：神秘体験の種々相―自己実現の道―　宗教心理出版　1995年　40頁

(4) 本山博：宗教の進化と科学―世界宗教への道―　宗教心理出版　1983年　7-21頁

(5) 押田成人：地下水の思想　出会い　新潮社　1986年　188-189頁

(6) 本山博：魂の存在の電気生理学的証明　in人間に魂はあるか？―本山博の学問と実践―　国書刊行会　2013年

(7) 本山博：前掲書（4）に同じ　120-129頁

(8) 本山博：前掲書（4）に同じ　117-119頁
本山博：氣の科学　経絡、気エネルギーの電気生理学的証明と東西医学統合の試み　宗教心理出版2009年　145-168頁

(9) 本山博：神秘体験の種々相―自己実現の道―　宗教心理出版　1995年　199―208頁

(10) 樫尾直樹、本山一博：人間に魂はあるか？―本山博の学問と実践―　国書刊行会　2013年

(11) 本山博：前掲書（4）に同じ　7-34頁

(12) スティーヴン・W・ホーキング：ホーキング、宇宙を語る―ビッグバンからブラックホールまで―　「8　宇宙の起源と運命」　林一 訳　ハヤカワ文庫NF　早川書房　1995年

(13) リチャード・ドーキンス：神は妄想である―宗教との決別―　垂水雄二 訳　2007年　早川書房

(14) クリストフ・コッホ：意識をめぐる冒険　土谷尚嗣・小畑史哉 訳　岩波書店　2014年　312-313頁

(15) 岡村定矩・池内了・海部宣男・佐藤勝彦・永原裕子 編：シリーズ現代の天文学 第2版 第Ⅰ巻　人類の住む宇宙　日本評論社　2017年　230～233頁

あとがき

私はこれまで多くの学問を学びながら人間とは何か、宇宙とは何かということを考えてきました。しかし私の考えや研究した内容は学術論文としてはなかなか認められ難いものでした。それで何時しか私は自分の研究したこと、思考したことを1冊の本にまとめておきたいと思うようになりました。しかし私は人生の探求者の1人ではあっても、何かの研究者・専門家ではありませんので、日々の自分の仕事と雑事に追われ、まとめると言っても、その作業は遅々として進みませんでした。20年かけてやっと形が整ったのがこの小著です。

この小著が多くの人に読まれれば嬉しいですが、特に若い自然科学者の手元に届くようにと願っています。この小著を契機に何かのインスピレーションを得て、彼らが新しい学問分野を切り開いて下さることを切に願っています。

今年の2月24日プーチン大統領のロシアはウクライナに侵攻を開始し、世界に大きな衝撃を与えました。彼らは、人間はいつまでも自己中心的で、自国の利益のためには核兵器も使用する、ということを思い知らせたのです。

日本は世界において高齢化社会の先頭を走っている国で、経済的にも下降しつつある国です。基礎科学への国家の投資も弱まっており、将来の科学的国際競争力の低下も心配されています。一方日本の周りには政治的心理的に不安定な国がいくつもあり、日本国民を不安にさせています。周辺国は周辺国で日本に不安を抱いているのでしょうが。

現在の日本には防衛力の強化・軍備の増強や科学的競争力の向上が大切と一般には思われていると思いますが、日本にとっても世界にとっても今一番大切なことは、科学や技術の発展競争などではなく、正しい霊性をもった人類に成長する、ということだと思います。その方面で世界をリードするために日本は良い位置にいる（＝使命がある）と感じます。

そのためにはこの本でご紹介した霊性豊かであった本山博先生や押田成人師の生き方と体験に触れることが大切だと思いますし、この本で試みている存在の深みに向かう学問、物理的次元を超えて霊的次元に向かう学問を探求し、皆で共有することが必要だと思います。この探求の旅路はとても遠くて、核戦争を回避するには間に合わないように思われるかも知れませんが、しかし他に近道があるとは思えません。

この本を執筆・出版するについては（本書Ⅲ章に述べた）ＡＭＩの研究者であり眼科医でもある東長人先生に大変お世話になりました。彼の協力がなければ本書は日の目を見なかったでしょう。また原稿を読んで貴重なコメント・感想を寄せてくれた７人の友人たちにも謹んで感謝致します。

◉著者略歴◉

長山直弘（ながやま　なおひろ）

一九四七年生まれ
一九七〇年　東京大学理学部地球物理学科卒
一九七二年　同大学理系大学院地球物理学修士課程卒
一九七八年　同大学医学部卒。以後二年間内科研修医
一九八〇年　国立療養所（現国立病院機構）東京病院内科奉職
二〇一三年　医療法人財団保養会竹丘病院内科入職
二〇一六年　同院院長就任

物理的世界と霊的世界のかかわり

二〇二二年十二月十五日　初版第一刷発行

著　者　長山直弘
発行者　埋田喜子
発行所　株式会社 ビイング・ネット・プレス
〒二五二-〇三〇三
神奈川県相模原市南区相模大野八-二-十二-二〇二
電話 〇四二（七〇二）九二一三
装　幀　山田孝之
印刷・製本　モリモト印刷株式会社

ISBN 978-4-908055-29-4 C0010